普通高等教育工业设计专业"十二五"规划教材

设计图学习题集

袁和法 主编

中国水利水电出版社
www.waterpub.com.cn

内 容 提 要

本习题集与普通高等教育工业设计专业"十二五"规划教材《设计图学》配合使用。

本书在保证制图教学系统性、严密性的前提下，重点突出培养学生规范地制图和阅读设计图样的知识和技能，加强训练学生空间想象和形体构思的能力，为相关设计专业学习设计表现奠定理论知识基础。书中采用了最新的国家技术制图标准，插图均采用计算机绘制，质量精美。习题集主要内容有：设计图学概论、投影制图基础、组合体视图与尺寸、轴测图、常用表达方法、零件图与装配图、建筑制图基础、透视图基础。

本习题集可作为高等院校工业设计、产品设计、环境设计、室内设计、建筑设计及非机械类各专业的使用，也可供产品设计等相关设计和技术人员使用。

图书在版编目（CIP）数据

设计图学习题集 / 袁和法主编. -- 北京：中国水利水电出版社，2014.4(2021.7重印)
普通高等教育工业设计专业"十二五"规划教材
ISBN 978-7-5170-1325-9

Ⅰ. ①设… Ⅱ. ①袁… Ⅲ. ①工程制图－高等学校－习题集 Ⅳ. ①TB23-44

中国版本图书馆CIP数据核字(2014)第049125号

书　　名	普通高等教育工业设计专业"十二五"规划教材 **设计图学习题集**
作　　者	袁和法　主编
出版发行	中国水利水电出版社 （北京市海淀区玉渊潭南路1号D座　100038） 网址：www.waterpub.com.cn E-mail：sales@waterpub.com.cn 电话：(010) 68367658（营销中心）
经　　售	北京科水图书销售中心（零售） 电话：(010) 88383994、63202643、68545874 全国各地新华书店和相关出版物销售网点
排　　版	中国水利水电出版社微机排版中心
印　　刷	北京市密东印刷有限公司
规　　格	285mm×210mm　横16开本　10.5印张　166千字
版　　次	2014年4月第1版　2021年7月第2次印刷
印　　数	3001—5000册
定　　价	**30.00元**

凡购买我社图书，如有缺页、倒页、脱页的，本社营销中心负责调换

版权所有·侵权必究

丛书编写委员会

主任委员： 刘振生　李世国

委　　员：（按拼音排序）

包海默	陈登凯	陈国东	陈江波	陈晓华	陈　健	陈思宇	杜海滨	董佳丽	段正洁
樊超然	方　迪	范大伟	傅桂涛	巩森森	顾振宇	郭茂来	何颂飞	侯冠华	胡海权
姜　可	焦宏伟	金成玉	金　纯	喇凯英	兰海龙	李德君	李奋强	李　锋	李光亮
李　辉	李华刚	李　琨	李　立	李　明	李　杨	李　怡	梁家年	梁　莉	梁　珣
刘　驰	刘　婷	刘　刚	刘　军	刘青春	刘　新	刘　星	刘雪飞	卢　昂	卢纯福
卢艺舟	罗玉明	马春东	马　彧	米　琪	聂　茜	彭冬梅	邱泽阳	曲延瑞	任新宇
单　岩	沈　杰	沈　楠	孙　浩	孙虎鸣	孙　巍	孙巍巍	孙颖莹	孙远波	孙志学
孙正广	唐　智	田　野	王　军	王俊民	王俊涛	王　丽	王丽霞	王少君	王艳敏
王一工	王英钰	王永强	邬琦姝	奚　纯	肖　慧	熊文湖	许　佳	许　江	许　坤
薛　川	薛　峰	薛　刚	薛文凯	谢天晓	严　波	杨　梅	杨骁丽	杨　翼	姚　君
叶　丹	余隋怀	余肖江	袁光群	袁和法	张　焱	张　安	张春彬	张东生	张寒凝
张　建	张　娟	张　莉	张　昆	张庶萍	张宇红	赵　锋	赵建磊	赵俊芬	钟　蕾
周仕参	周晓江	周　莹							

普通高等教育工业设计专业"十二五"规划教材
参编院校

清华大学美术学院	南京航空航天大学	嘉兴学院
江南大学设计学院	郑州大学	中南大学
北京服装学院	长春工程学院	杭州职业技术学院
北京工业大学	浙江农林大学	浙江工商职业技术学院
北京科技大学	兰州理工大学	义乌工商学院
北京理工大学	辽宁工业大学	郑州航空工业管理学院
大连民族学院	浙江树人大学	中国计量学院
鲁迅美术学院	南昌航空大学	中国石油大学
上海交通大学	天津理工大学	长春工业大学
杭州电子科技大学	哈尔滨理工大学	天津工业大学
山东工艺美术学院	中国矿业大学	昆明理工大学
山东建筑大学	佳木斯大学	北京工商大学
山东科技大学	浙江理工大学	扬州大学
东华大学	青岛科技大学	广东海洋大学
广州大学	中国海洋大学	南昌大学
河海大学	陕西理工大学	

序 Foreword

工业设计的专业特征体现在其学科的综合性、多元性及系统复杂性上，设计创新需符合多维度的要求，如用户需求、技术规则、经济条件、文化诉求、管理模式及战略方向等，许许多多的因素影响着设计创新的成败，较之艺术设计领域的其他学科，工业设计专业对设计人员的思维方式、知识结构、掌握的研究与分析方法、运用专业工具的能力，都有更高的要求，特别是现代工业设计的发展，在不断向更深层次延伸，愈来愈呈现出与其他更多学科交叉、融合的趋势。通用设计、可持续设计、服务设计、情感化设计等设计的前沿领域，均表现出学科大融合的特征，这种设计发展趋势要求我们对传统的工业设计教育作出改变。同传统设计教育的重技巧、经验传授，重感性直觉与灵感产生的培养训练有所不同，现代工业设计教育更加重视知识产生的背景、创新过程、思维方式、运用方法以及培养学生的创造能力和研究能力，因为工业设计人员的能力是发现问题的能力、分析问题的能力和解决问题的能力综合构成的，具体地讲，就是选择吸收信息的能力、主体性研究问题的能力、逻辑性演绎新概念的能力、组织与人际关系的协调能力。学生这些能力的获得，源于系统科学的课程体系和渐进式学程设计。十分高兴的是，即将由中国水利水电出版社出版的"普通高等教育工业设计专业'十二五'规划教材"，有针对性地为工业设计课程教学的教师和学生增加了学科前沿的理论、观念及研究方法等方面的知识，为通过专业课程教学提高学生的综合素质提供了基础素材。

这套教材从工业设计学科的理论建构、知识体系、专业方法与技能的整体角度，建构了系统、完整的专业课程框架，此种框架既可以被应用于设计院校的工业设计学科整体课程构建与组织，也可以应用于工业设计课程的专项知识和技能的传授与培训，使学习工业设计的学生能够通过系统性的课程学习，以基于探究式的项目训练为主导、社会化学习的认知过程，学习和理解工业设计学科的理论观念，掌握设计创新活动的程序方法，构建支持创新的知识体系并在项目实践中完善设计技能，"活化"知识。同时，这套教材也为国内众多的设计院校提供了专业课程教学的整体框架、具体的课程教学内容以及学生学习的途径与方法。

这套教材的主要成因，缘于国家及社会对高质量创新型设计人才的需求，以及目前我国新设工业设计专业院校现实的需要。在过去的 20 余年里，我国新增数百所设立工业设计专业的高等院校，在校学习工业设计的学生人数众多，亟须系统、规范的教材为专业教学提供支撑，因为设计创新是高度复杂的活动，需要设计者集创造力、分析力、经验、技巧和跨学科的知识于一身，才能走上成功的路径。这样的人才培养目标，需要我们的设计院校在教育理念和哲学思考上作出改变，以学习者为核心，所有的教学活动围绕学生个体的成长，在专业教学中，以增进学生的创造力为目标，以工业设计学科的基本结构为教学基础内容，以促进学生再发现为学习的途径，以深层化学习为方法、以跨学科探究为手段、以个性化的互动为教学方式，使学生在高校的学习中获得工业设计理论观念、专业精神、知识技能以及国际化视野。这套教材是实现这个教育目标的基石，好的教材结合教师合理的学程设计能够极大地提高学生的学习效率。

改革开放以来，中国的发展速度令世界瞩目，取得了前人无以比拟的成就，但我们应当清醒地认识到，这是以量为基础的发展，我们的产品在国际市场上还显得竞争力不足，企业的设计与研发能力薄弱，产品的设计水平同国际先进水平比仍有差距。今后我国要实现以高新技术产业为先导的新型产业结构，在质量上同发达国家竞争，企业只有通过设计的战略功能和创新的技术突破，创造出更多自主品牌价值，才能使中国品牌走向世界并赢得国际市场，中国企业也才能成为具有世界性影响的企业。而要实现这一目标，关键是人才的培养，需要我们的高等教育能够为社会提供高质量的创新设计人才。

从经济社会发展的角度来看，全球经济一体化的进程，对世界各主要经济体的社会、政治、经济产生了持续变革的压力，全球化的市场为企业发展提供了广阔的拓展空间，同时也使商业环境中的竞争更趋于激烈。新的技术及新的产品形式不断产生，每个企业都要进行持续的创新，以适应未来趋势的剧烈变化，在竞争的商业环境中确立自己的位置。在这样变革的压力下，每个企业都将设计创新作为应对竞争压力的手段，相应地对工业设计人员的综合能力有了更高的要求，包括创新能力、系统思考能力、知识整合能力、表达能力、团队协作能力及使用专业工具与方法的能力。这样的设计人才规格诉求，是我们的工业设计教育必须努力的方向。

从宏观上讲，工业设计人才培养的重要性，涉及的不仅是高校的专业教学质量提升，也不仅是设计产业的发展和企业的效益与生存，它更代表了中国未来发展的全民利益，工业设计的发展与时俱进，设计的理念和价值已经渗入人类社会生活的方方面面。在生产领域，设计创新赋予企业以科学和充满活力的产品研发与管理机制；在商业流通领域，设计创新提供经济持续发展的动力和契机；在物质生活领域，设计创新引导民众健康的消费理念和生活方式；在精神生活领域，设计创新传播时代先进文化与科技知识并激发民众的创造力。今后，设计创新活动将变得更加重要和普及，工业设计教育者以及从事设计活动的组织在今天和将来都承担着文化和社会责任。

中国目前每年从各类院校中走出数量庞大的工业设计专业毕业生，这反映了国家在社会、经济以及文化领域等方面发展建设的现实需要，大量的学习过设计创新的年轻人在各行各业中发挥着他们的才干，这是一个很好的起点。中国要由制造型国家发展成为创新型国家，还需要大量的、更高质量的、充满创造热情的创新设计人才，人才培养的主体在大学，中国的高等院校要为未来的社会发展提供人才输出和储备，一切目标的实现皆始于教育。期望这套教材能够为在校学习工业设计的学生及工业设计教育者提供参考素材，也期望设计教育与课程学习的实践者，能够在教学应用中对它作出发展和创新。教材仅是应用工具，是专业课程教学的组成部分之一，好的教学效果更多的还是来自于教师正确的教学理念、合理的教学策略及同学习者的良性互动方式上。

2011 年 5 月
于清华大学美术学院

前言
Preface

设计图学是一门专门研究绘制和阅读产品设计中各种工程图样的学科。与传统工程制图教材相比,其内容更广、更注重学生绘制草图能力、形体构思和空间想象能力的培养与训练,在教材内容上更适应工业设计专业的需求和特点。

本习题集有如下特点:

(1) 与传统工程制图习题集相比,本习题集增加了透视图基础和建筑制图基础,适应了工业设计专业教学的需求和发展。

(2) 习题集注重训练学生绘制草图、形体构思和形象思维的能力,为工业设计专业后继课程打下良好的基础。

(3) 习题集配有规范的板图作业指导,旨在训练学生制图的规范和标准。

(4) 习题集内容编排系统性、逻辑性强,图样均用计算机绘制处理,视觉效果良好。

本习题集由上海第二工业大学袁和法主编,各章节编写分配:袁和法(第1~3、6章)、大连工业大学李鼎、袁和法(第4、5章)、上海第二工业大学姚喆(第7章)、上海第二工业大学侯林、樊天华、袁和法(第8章)。由袁和法统稿、调整并最后定稿。

本习题集由东华大学王继成教授担任主审,主审对初稿提出了许多宝贵意见,对此表示衷心感谢!

本习题集编写过程中,上海第二工业大学李少恒、安子恒等学生帮助处理了部分CAD图,在此一并表示衷心地感谢。

由于编者工作繁忙,编写时间仓促,疏漏之处在所难免,恳请广大读者批评指正。

编者 袁和法

2013年7月

目录
Contents

序

前言

第 1 章　设计图学概论 ……………………………………………………………………… 1

第 2 章　投影制图基础 ……………………………………………………………………… 7

第 3 章　组合体视图与尺寸 ………………………………………………………………… 19

第 4 章　轴测图 ……………………………………………………………………………… 35

第 5 章　常用表达方法 ……………………………………………………………………… 37

第 6 章　零件图与装配图 …………………………………………………………………… 53

第 7 章　建筑制图基础 ……………………………………………………………………… 67

第 8 章　透视图基础 ………………………………………………………………………… 73

参考文献 ……………………………………………………………………………………… 80

第1章 设计图学概论——制图基本知识与技能

1. 字体练习。

开展转旋剖向视俯左主图制械机

要求技注漏两沉孔么甲度斜均布作时配装

ABCDEFGHIJKMNPRSTUVWXYZØ

1234567890

a b g i j k o w x y

第 1 章　设计图学概论——制图基本知识与技能

2. 尺寸标注：在给定尺寸线上画箭头，填写尺寸数字或角度数字（尺寸数值从图中按 1：1 量取，并取整数）。

（1）尺寸标注。

（2）角度标注。

（3）在下面图形完成尺寸标注。

第 1 章 设计图学概论——制图基本知识与技能

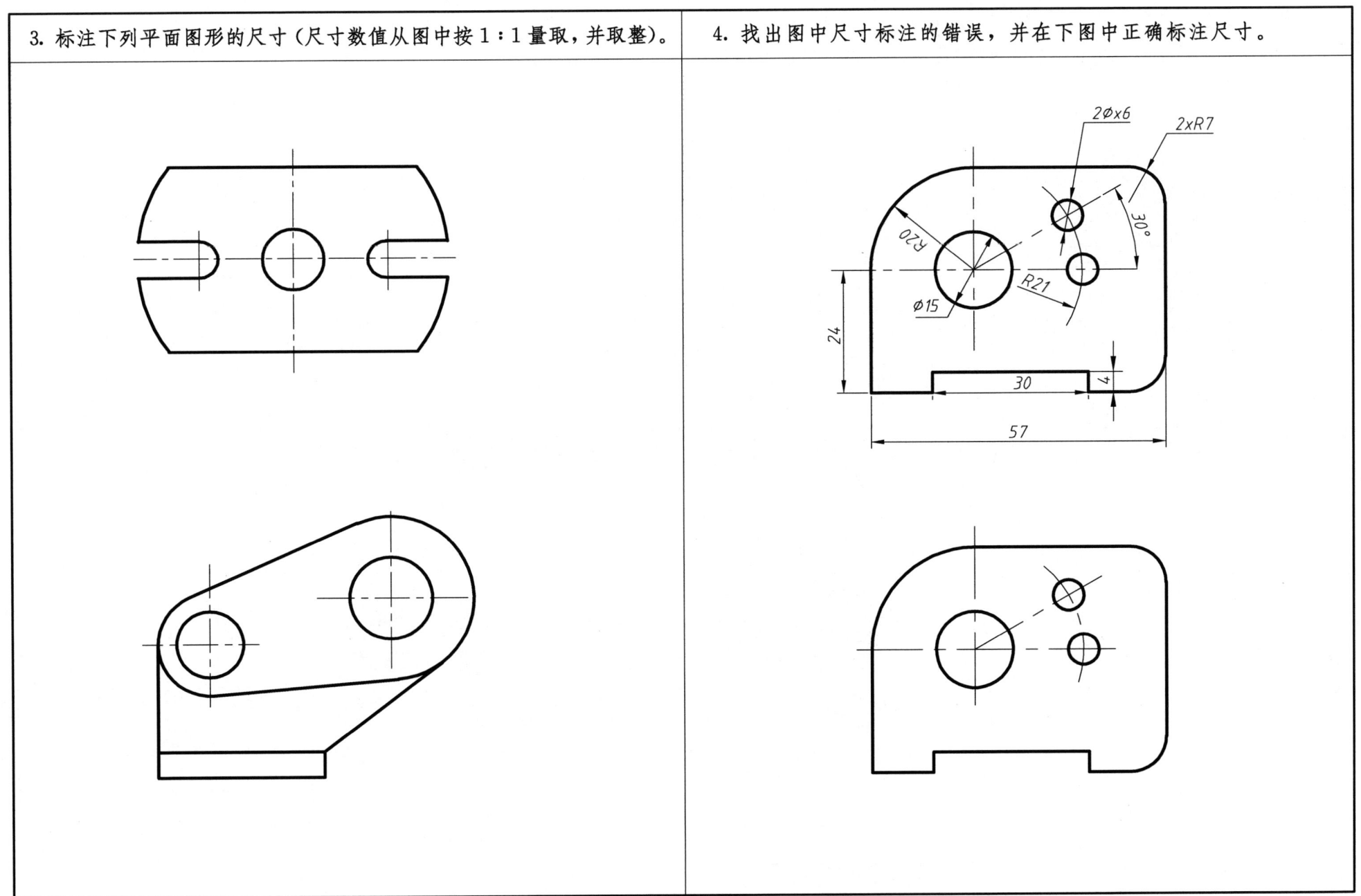

3. 标注下列平面图形的尺寸（尺寸数值从图中按 1:1 量取，并取整）。

4. 找出图中尺寸标注的错误，并在下图中正确标注尺寸。

第1章 设计图学概论——制图基本知识与技能

5. 分析图中尺寸标注的错误和遗漏的尺寸，在相关图形下方抄绘该平面图形，并正确地标注尺寸。

（1） （2） （3）

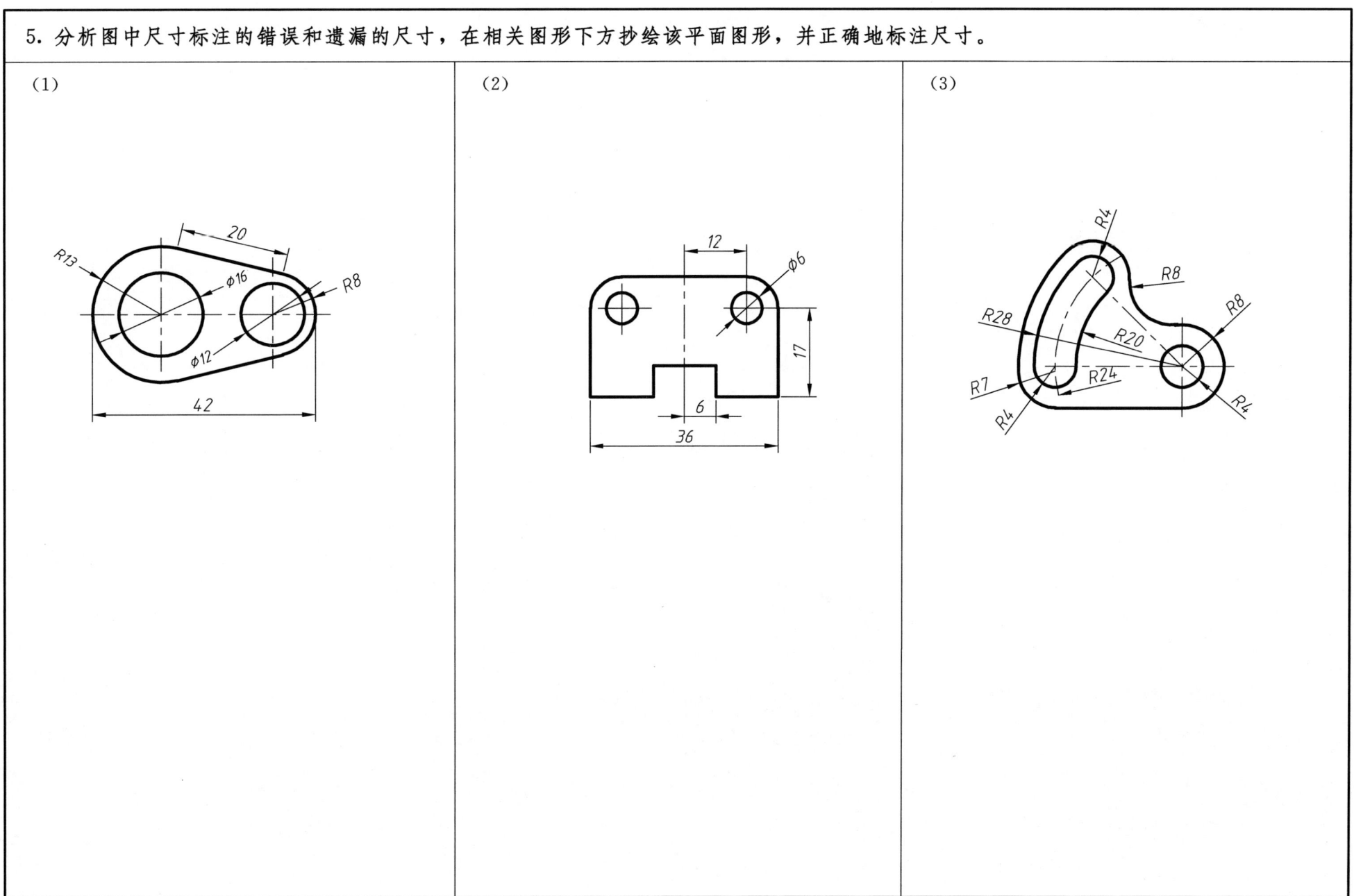

第 1 章　设计图学概论——制图基本知识与技能

6. 在空白处按 1∶2 比例抄画右侧的平面图形，并标注尺寸。

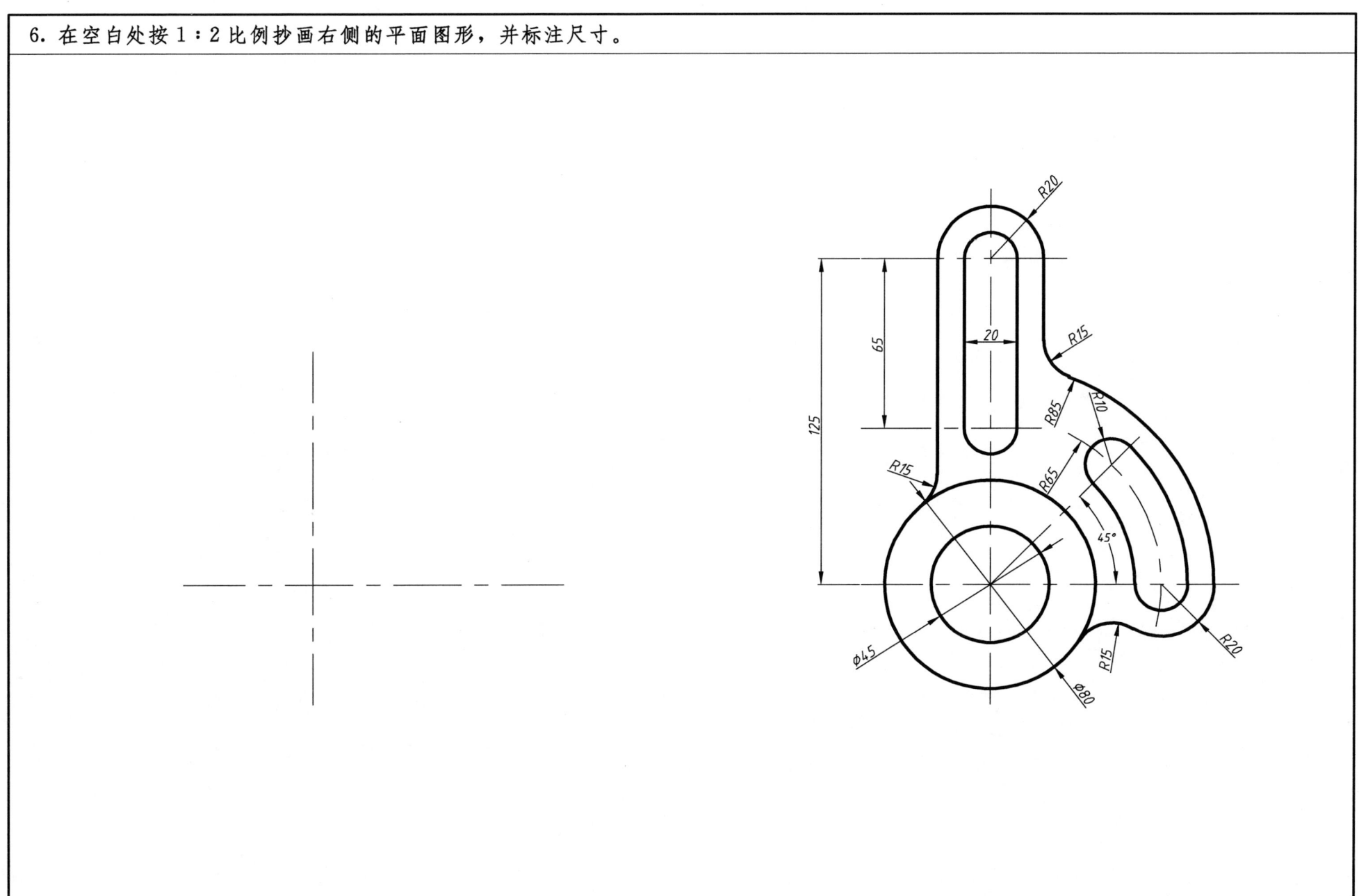

第 1 章 设计图学概论——制图基本知识与技能

7. 在 A3 图纸上按 1:1 的比例绘制平面图形，并标注尺寸。

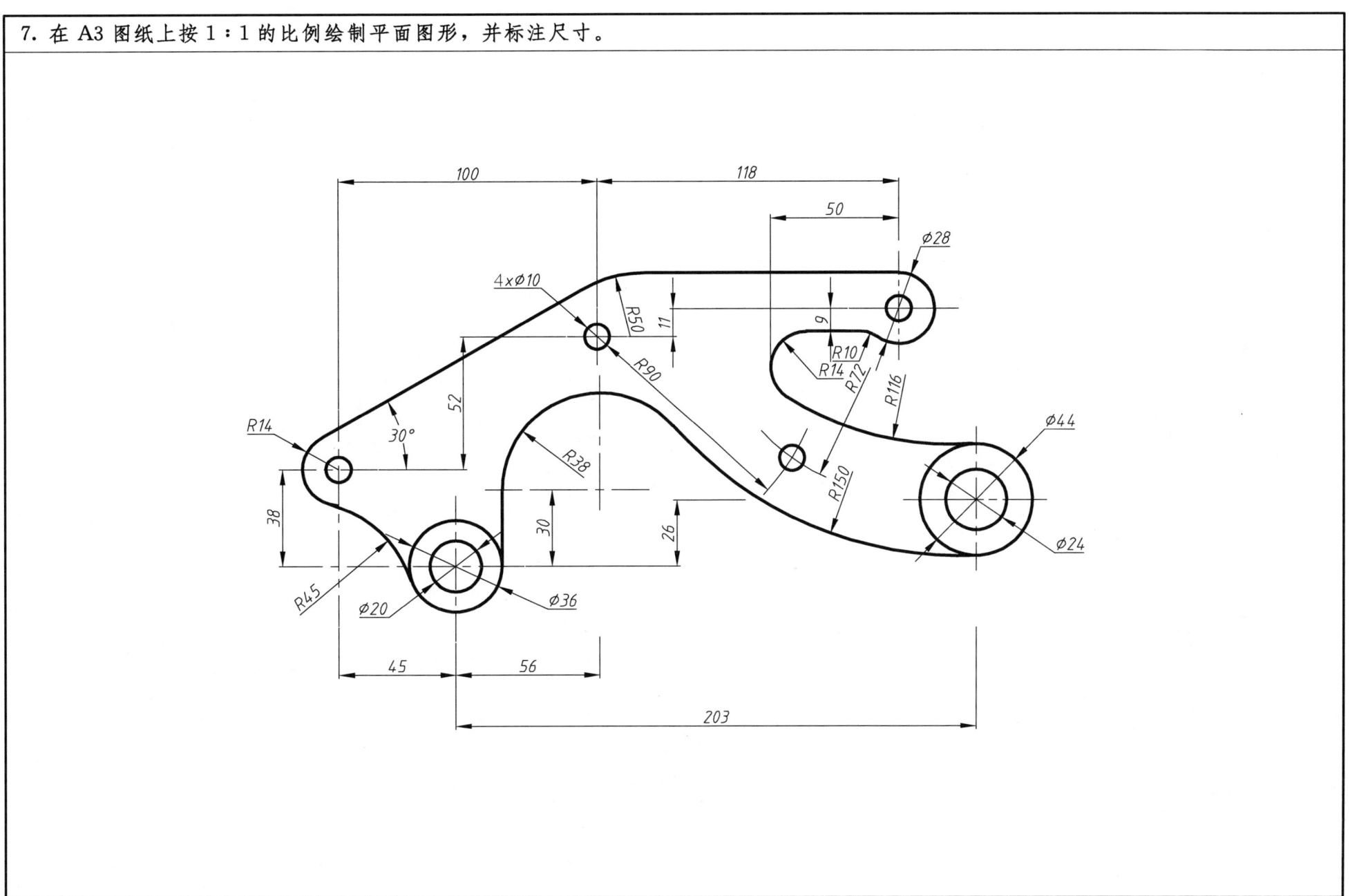

第 2 章 投影制图基础——点、线、面的正投影

1. 点、线、面的正投影。

（1）已知点 A、B、C、D 到投影面的距离，画出它们的三面投影。

点\距离	距V面	距H面	距W面
A	10	20	15
B	15	0	30
C	0	30	25
D	20	25	0

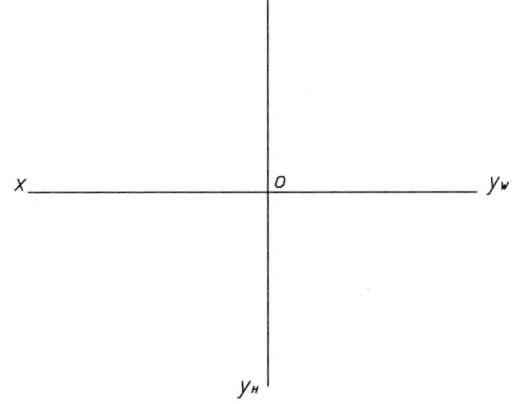

（2）根据直线的两投影求第三投影，并判别直线对投影面的相对位置，标出直线对投影面的倾角。

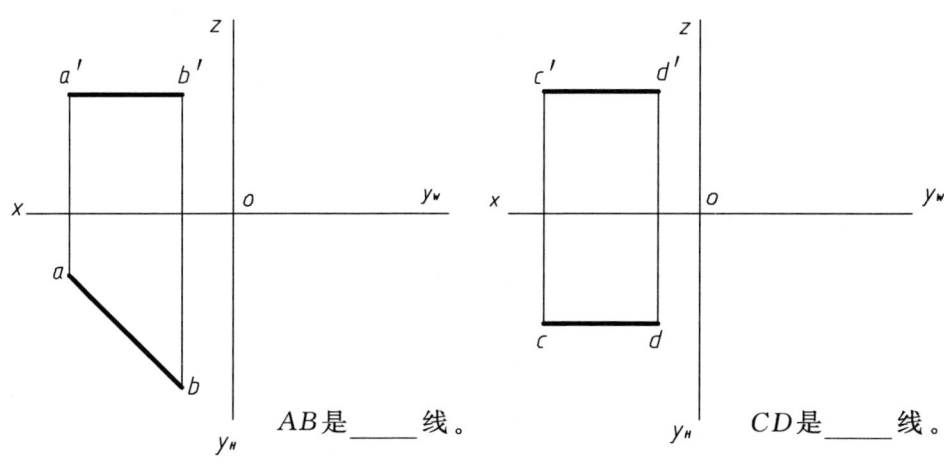

AB是____线。　　CD是____线。

（3）根据直线的两投影求第三投影，并判别直线对投影面的相对位置。

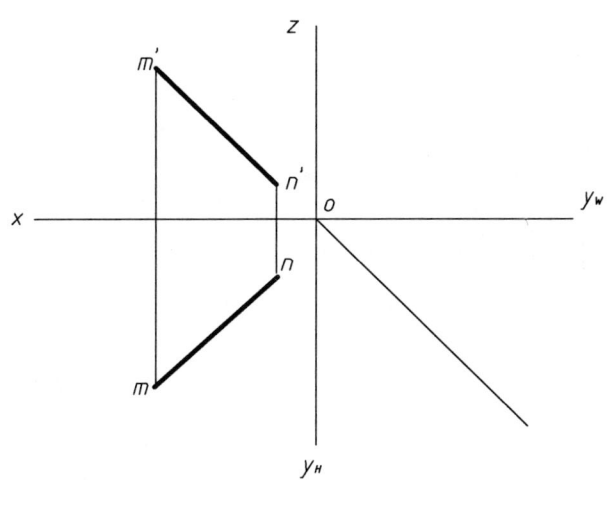

（4）作△ABC的第三投影及该平面上点 K 的三面投影。

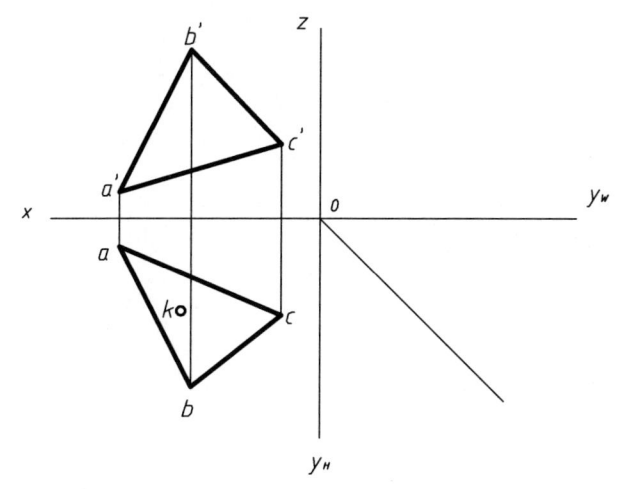

第 2 章 投影制图基础——点、线、面的正投影

2. 指出图中指定平面和直线的其他投影，判断其空间位置，并在立体或投影图的相关位置用字母标出该平面或直线。

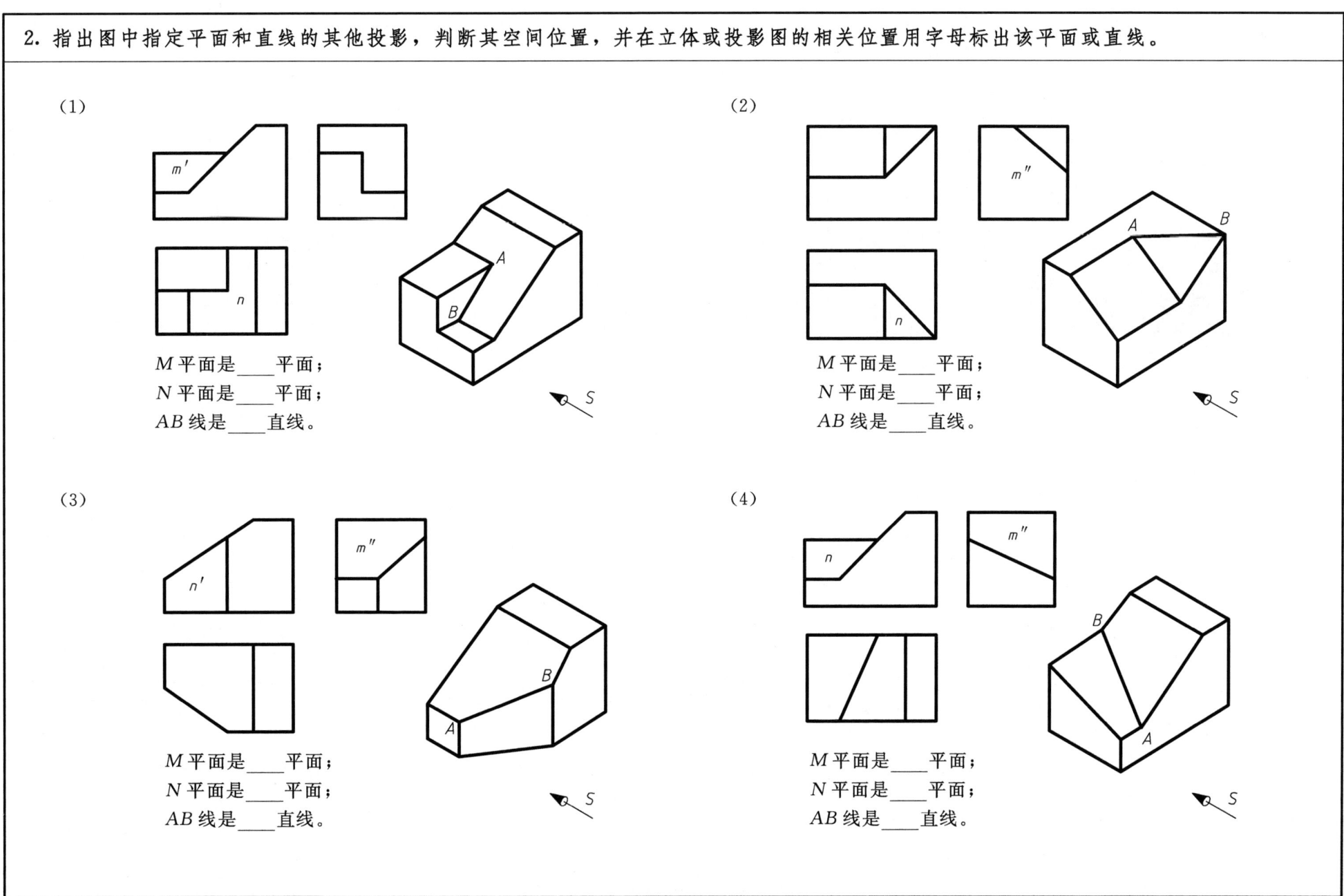

（1）
M 平面是____平面；
N 平面是____平面；
AB 线是____直线。

（2）
M 平面是____平面；
N 平面是____平面；
AB 线是____直线。

（3）
M 平面是____平面；
N 平面是____平面；
AB 线是____直线。

（4）
M 平面是____平面；
N 平面是____平面；
AB 线是____直线。

第 2 章 投影制图基础——点、线、面的正投影

3. 根据立体图补画所缺的投影，并在三面投影上标出指定点、线、面的三面投影（投影上字母小写）。

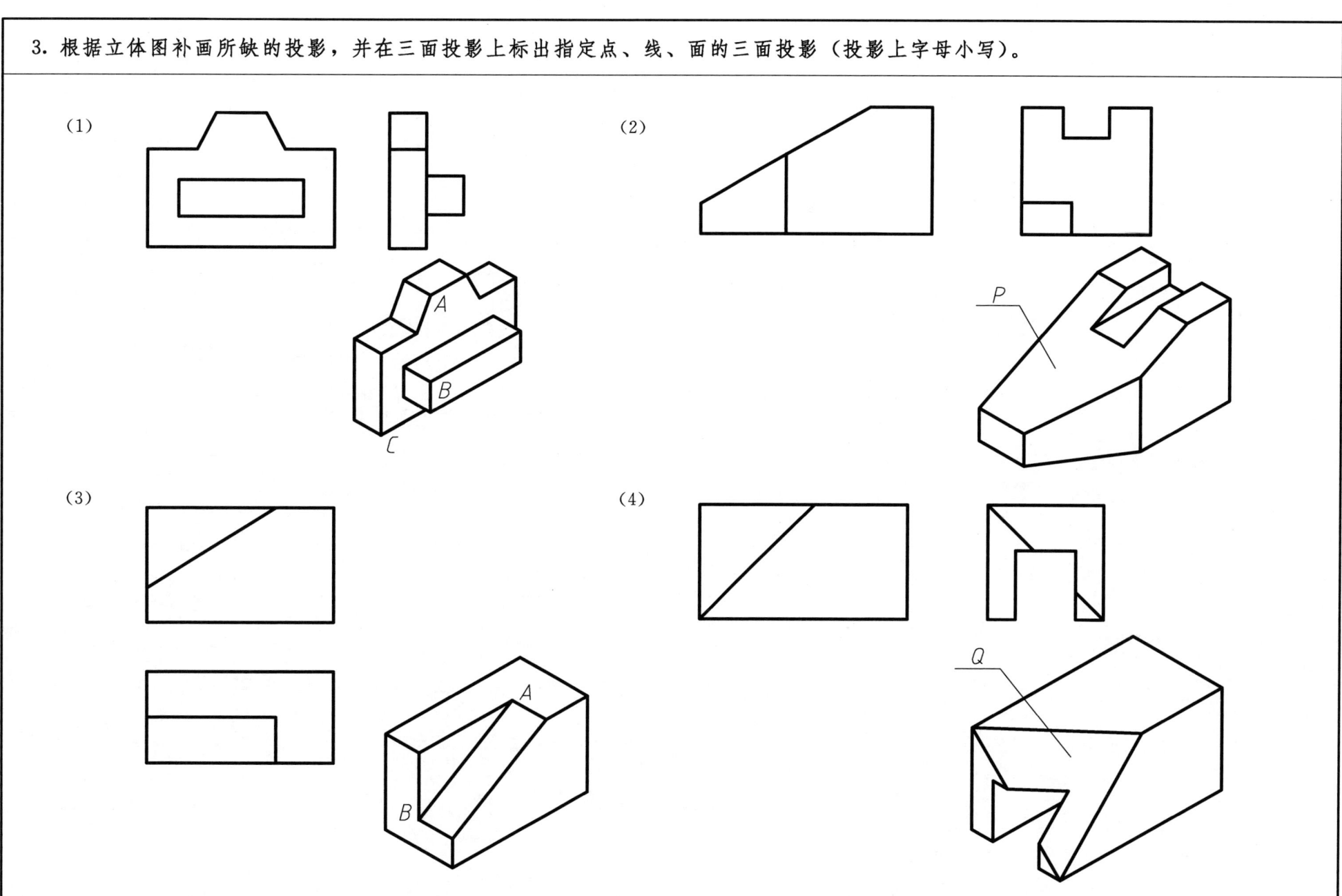

第 2 章 投影制图基础——立体表面取点

4. 立体表面上点的投影。

(1) 完成四棱柱表面上点的其余两面投影。

(2) 完成三棱锥表面上点的其余两面投影。

(3) 完成四棱台表面上点的其余两面投影。

(4) 完成圆柱表面上点的其余两面投影。

(5) 完成圆锥表面上点的其余两面投影。

(6) 完成圆球表面上点的其余两面投影。

第 2 章 投影制图基础——截交线

5. 求作平面截切平面立体的截交线，补全切割体的三视图。

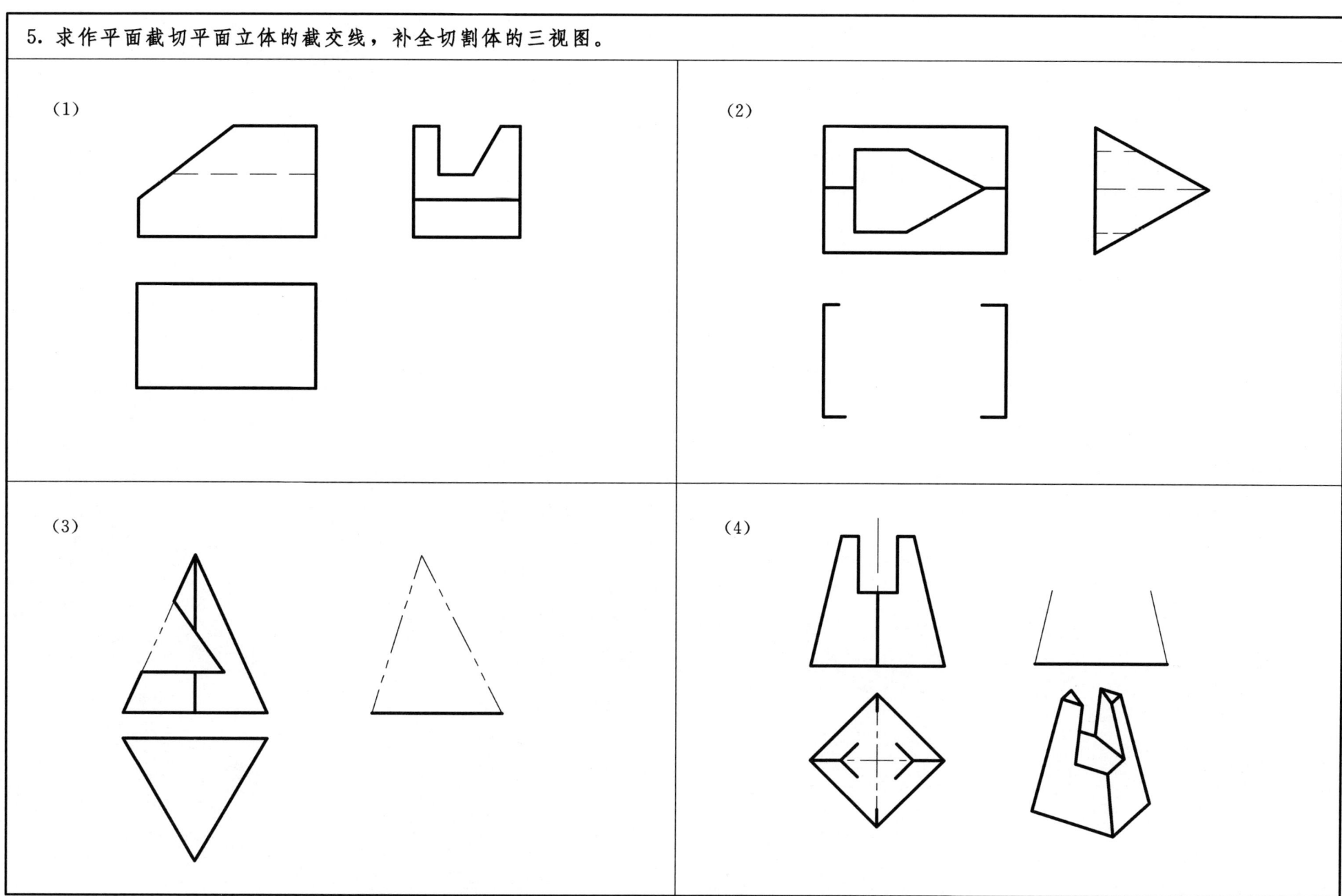

第 2 章　投影制图基础——截交线

6. 求作平面截切曲面立体的截交线，并补全其他投影。

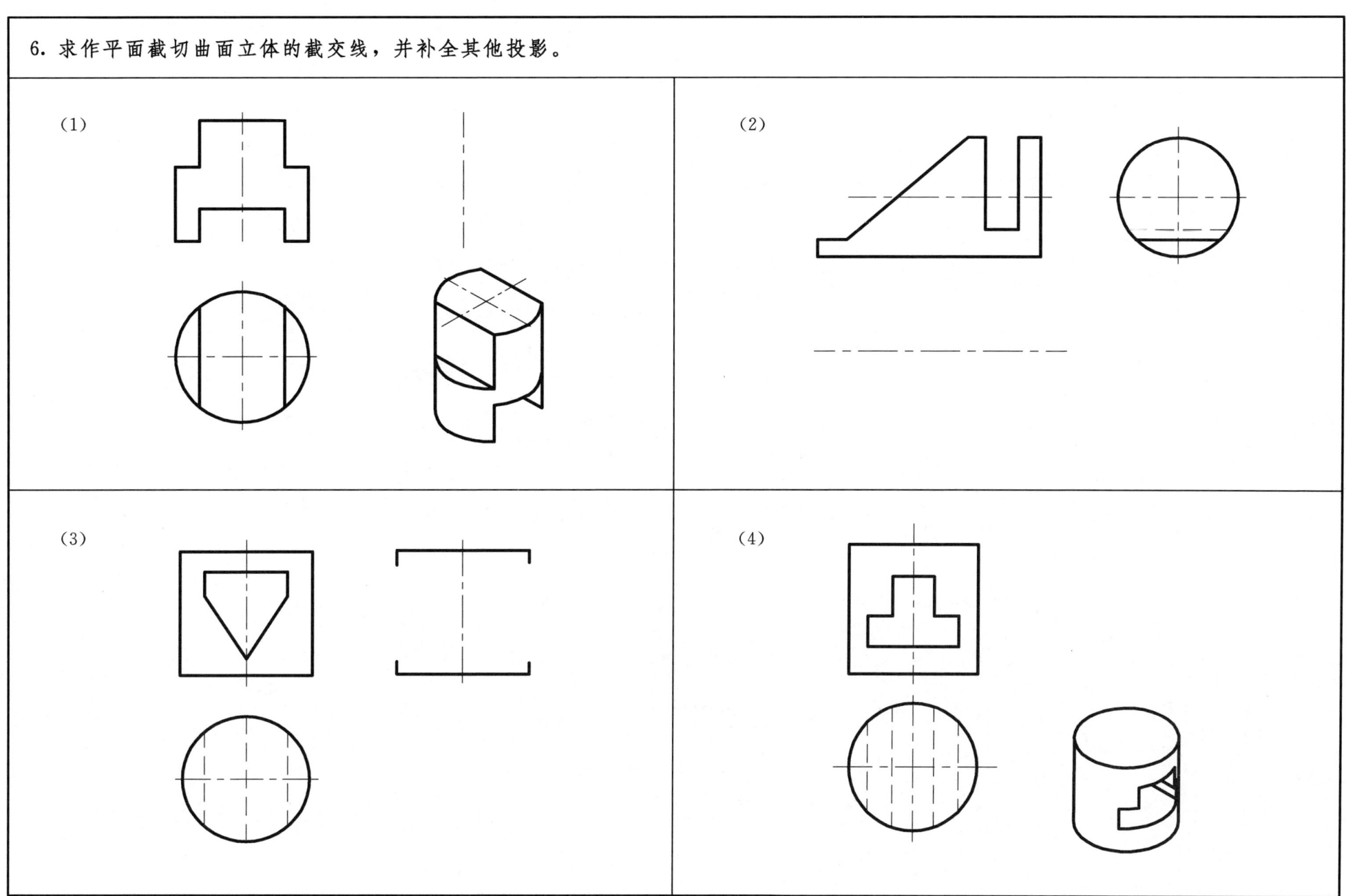

第 2 章 投影制图基础——截交线

7. 求作平面截切曲面立体的截交线，完成截切后立体的投影。

（1）作圆锥被截切后的俯视图和侧视图。

（2）完成圆锥与圆柱组合体被截切后立体的俯视图。

（3）补全半球被截切后的主视图和俯视图。

（4）求作球被截切后的俯视图和侧视图。

第 2 章 投影制图基础——截交线

8. 补画物体表面交线的投影。

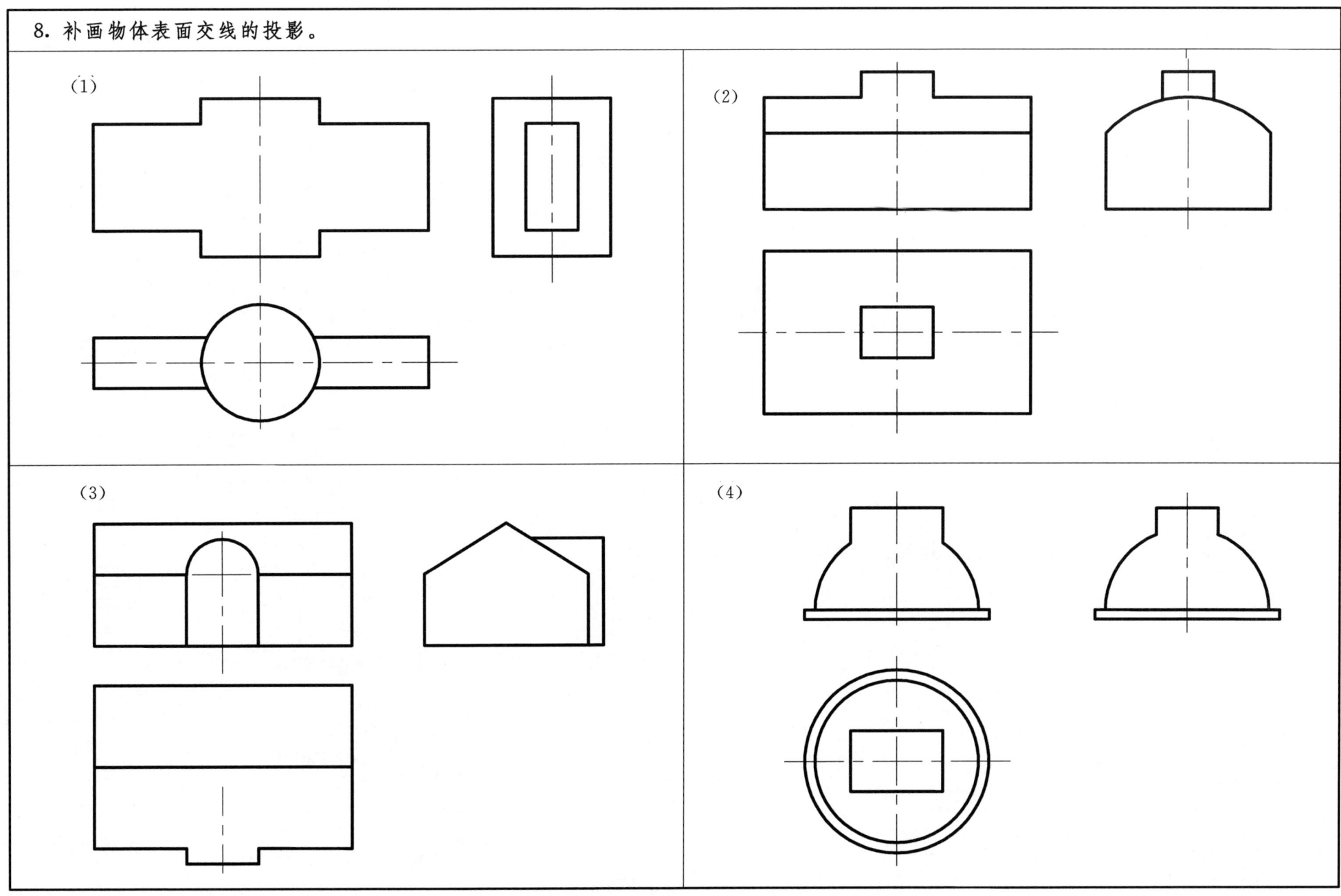

第 2 章 投影制图基础——相贯线

9. 由已知两视图，求画第三视图，并比较各题交线的差别。

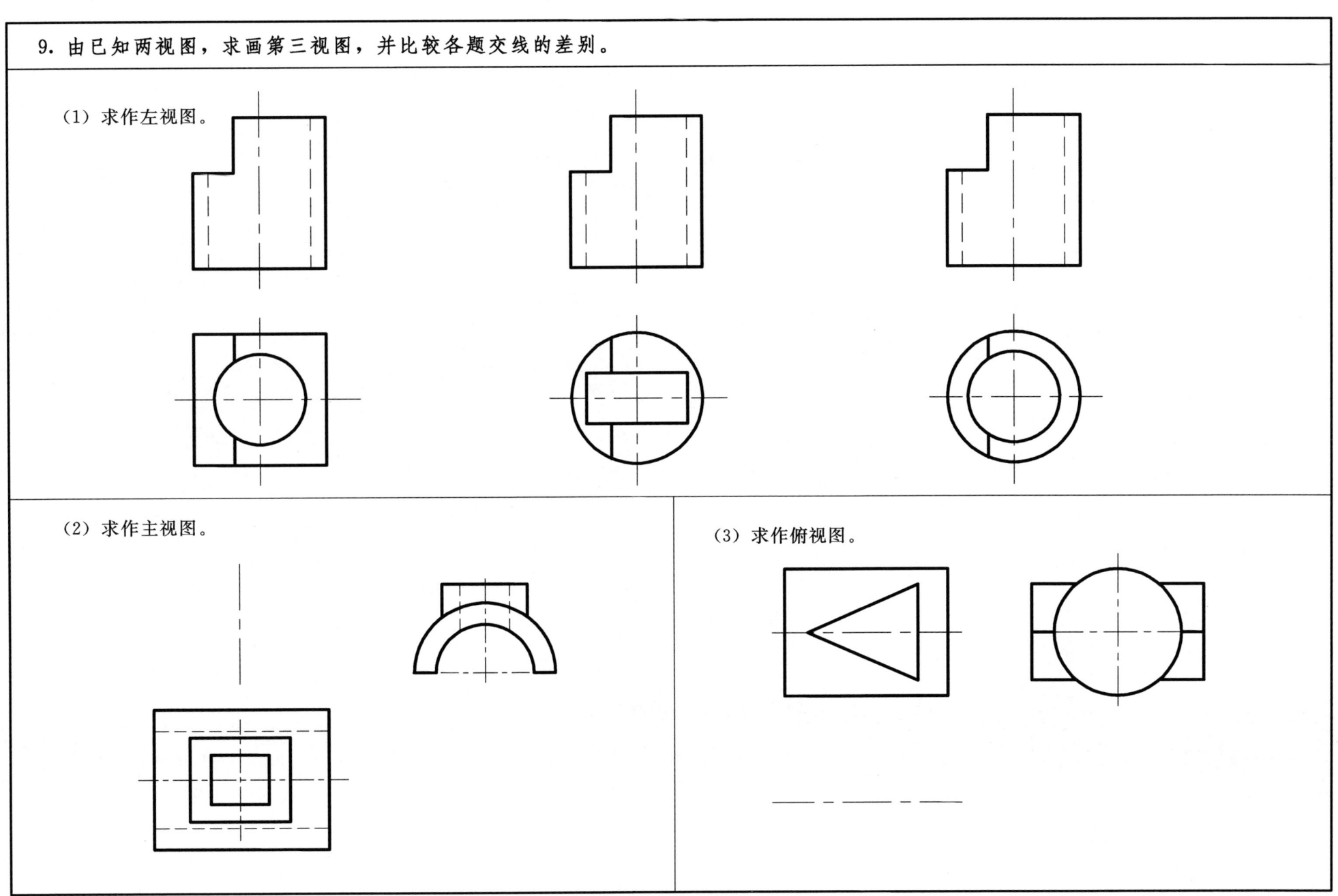

第 2 章 投影制图基础——相贯线

10. 求作立体与立体表面相交的相贯线。

（1）补全视图上的线条。

（2）求作主视图。

第 2 章　投影制图基础——补图

11. 补画第三视图。

(1)

(2)

(3)

(4)

第 2 章 投影制图基础——补图

12. 根据轴测图补全下列三面投影中所缺的图线。

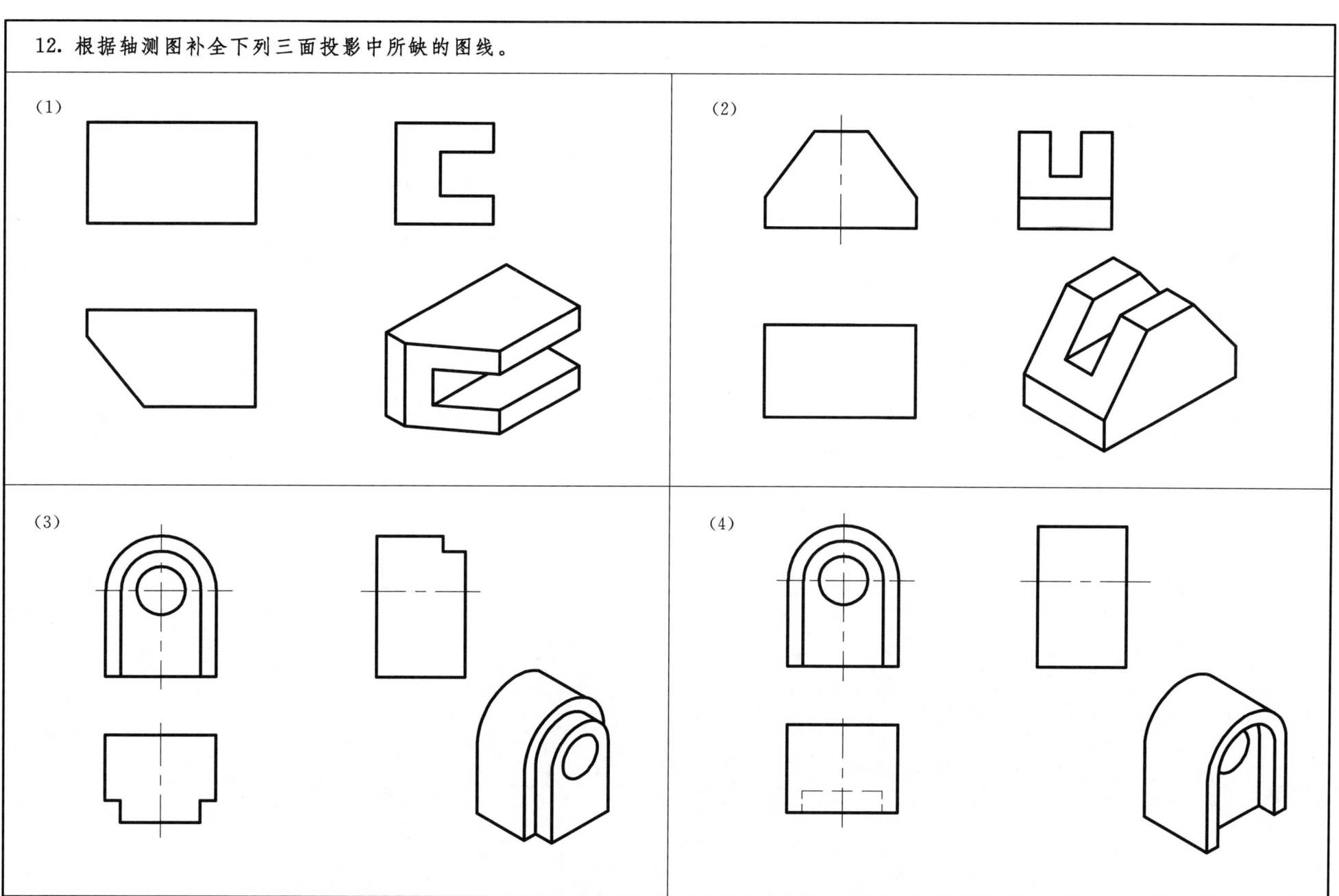

第 3 章　组合体视图与尺寸

1. 根据物体三视图，找出相对应的立体图。

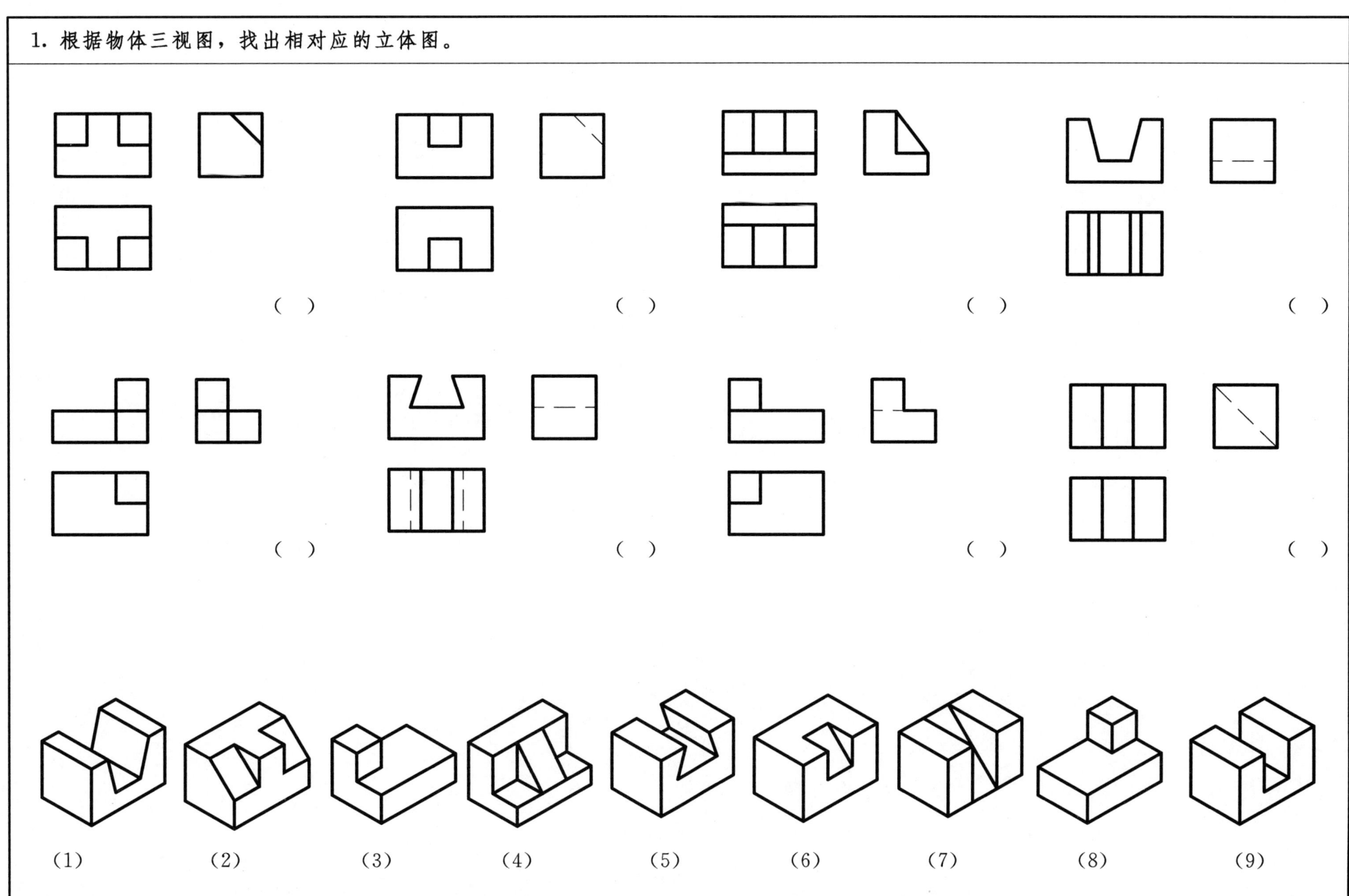

第 3 章 组合体视图与尺寸

2. 根据轴测图补画第三视图或视图中遗漏的线条。

(1)

(2)

(3)

(4)

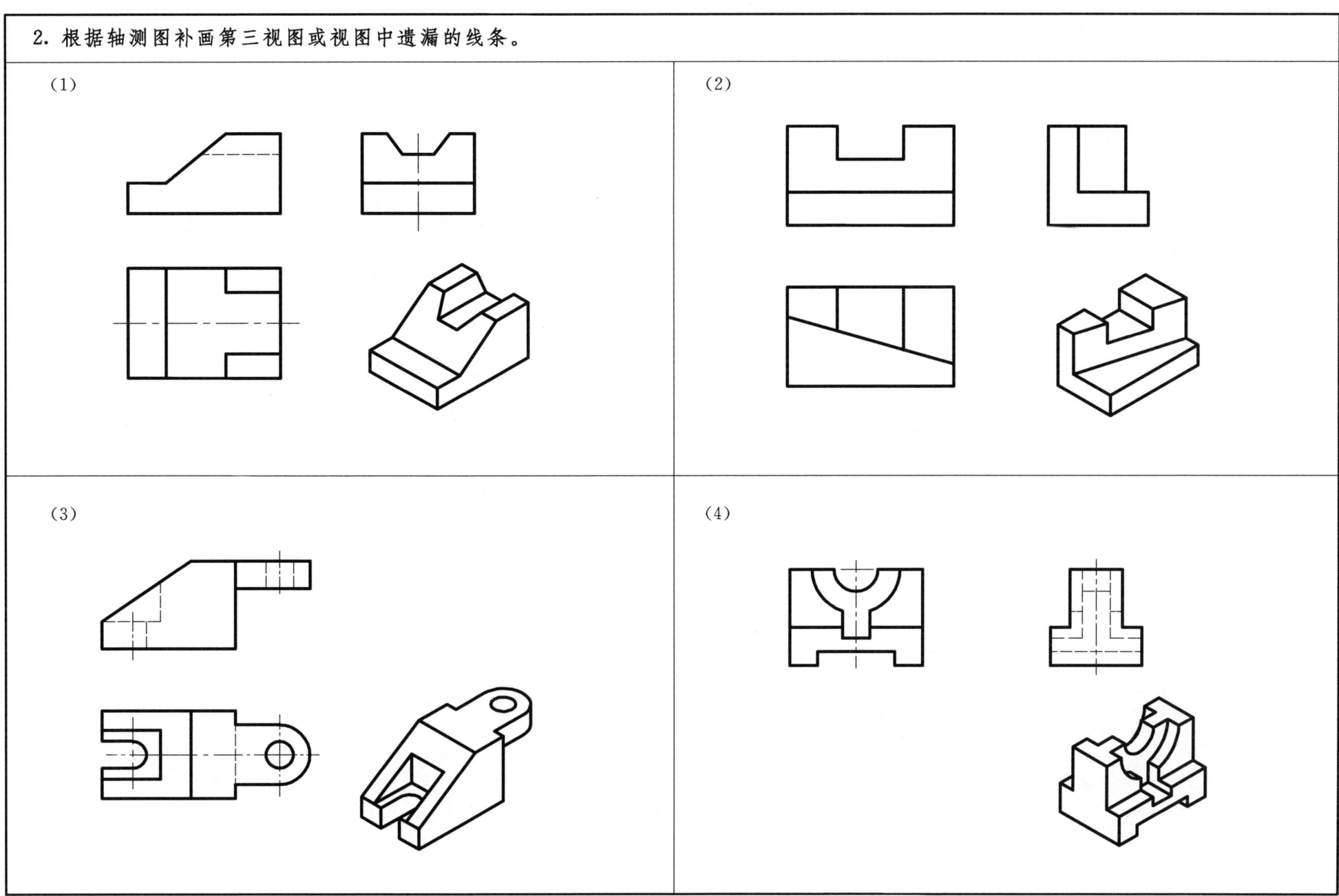

第 3 章　组合体视图与尺寸

3. 根据直观图，徒手完成组合体的三视图。

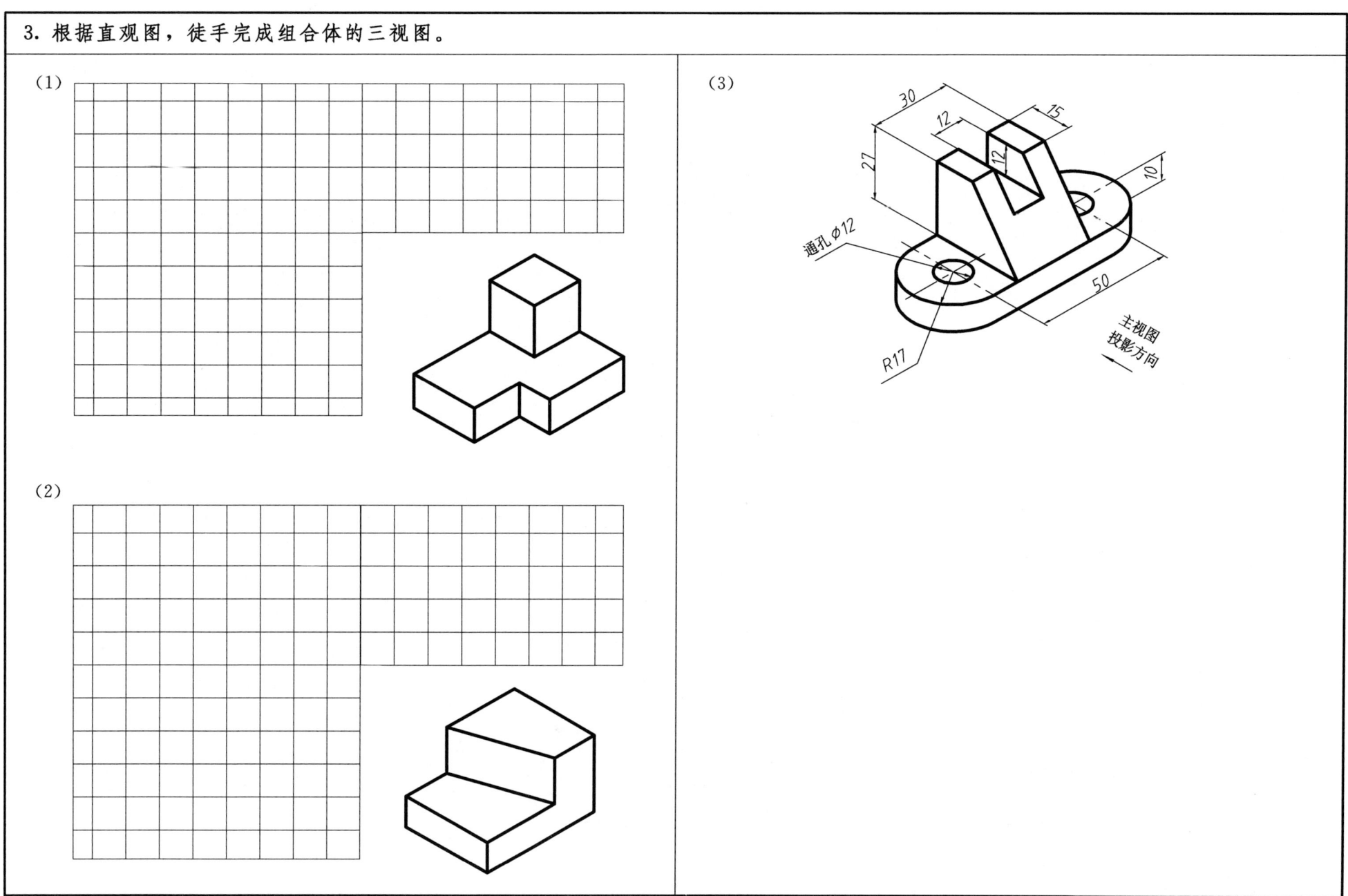

第 3 章 组合体视图与尺寸

4. 根据直观图画组合体三视图并标注尺寸（尺寸从立体直接量取，取整数）。

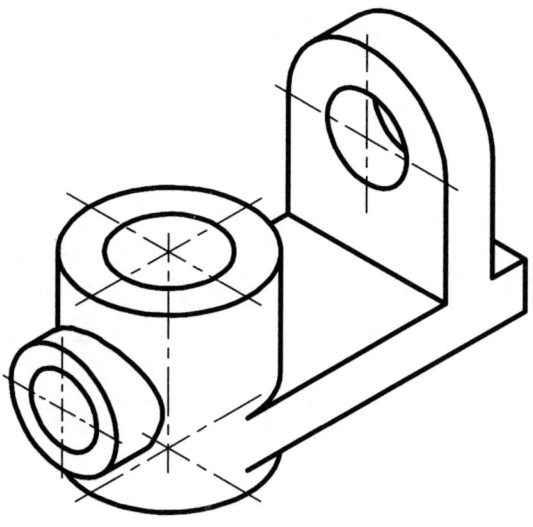

第 3 章 组合体视图与尺寸

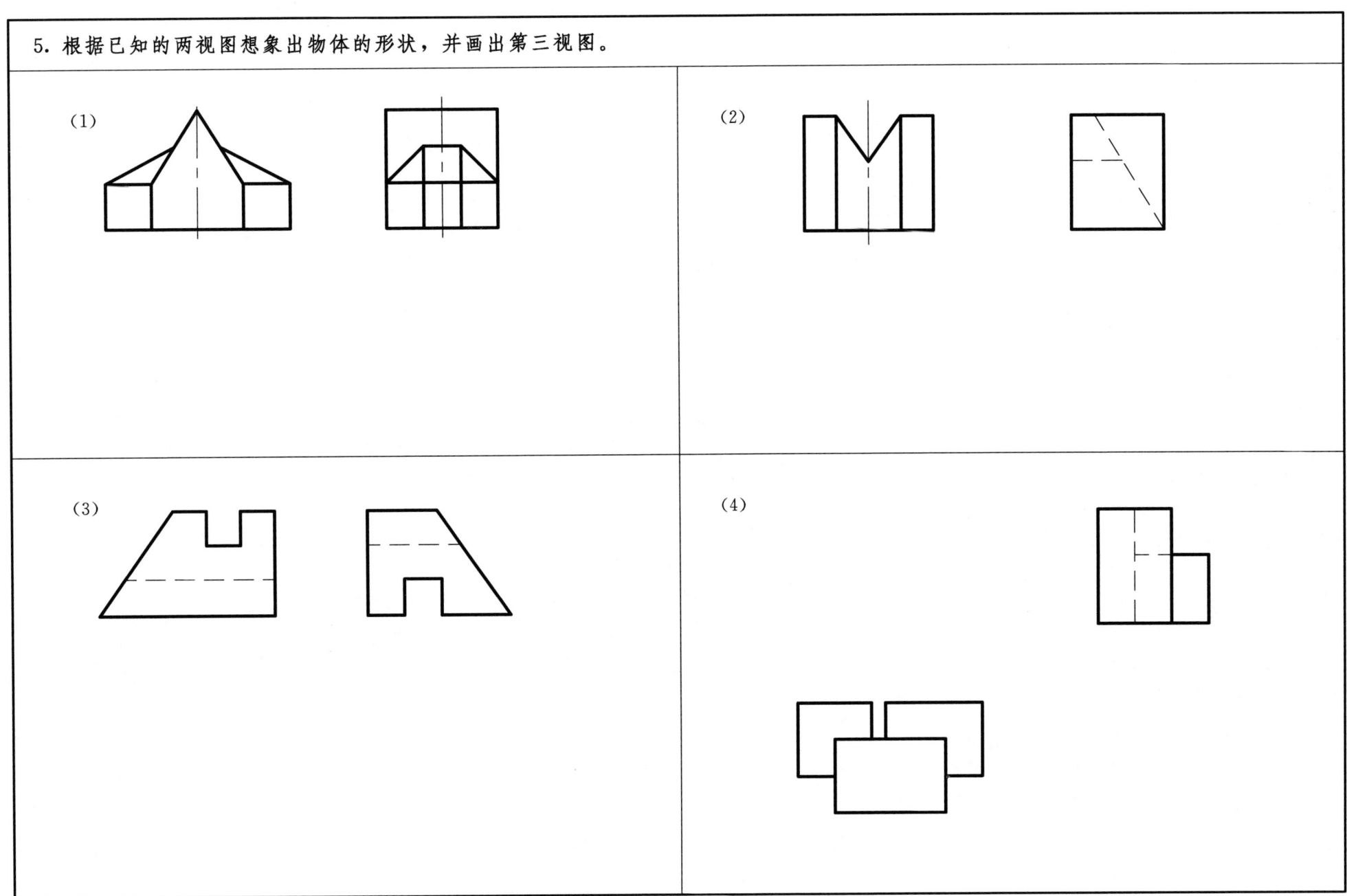

第3章 组合体视图与尺寸

6. 补齐视图中所缺的线条，并在空白处依据给定的轴测轴画出组合体的立体图。

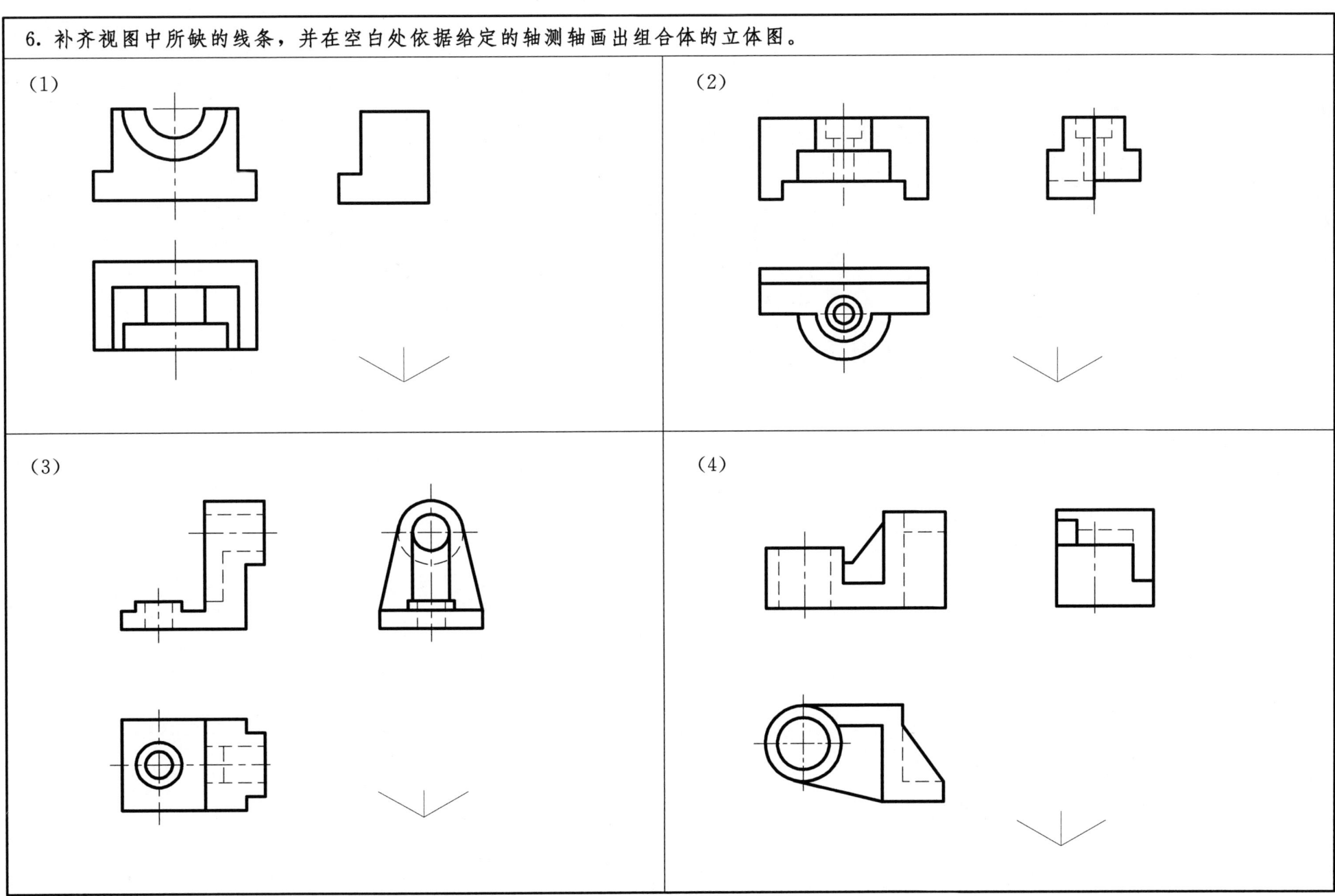

第 3 章　组合体视图与尺寸

7. 根据已知的两视图想象出物体的形状，画出左视图，并在空白处画出立体草图。

（1）

（2）

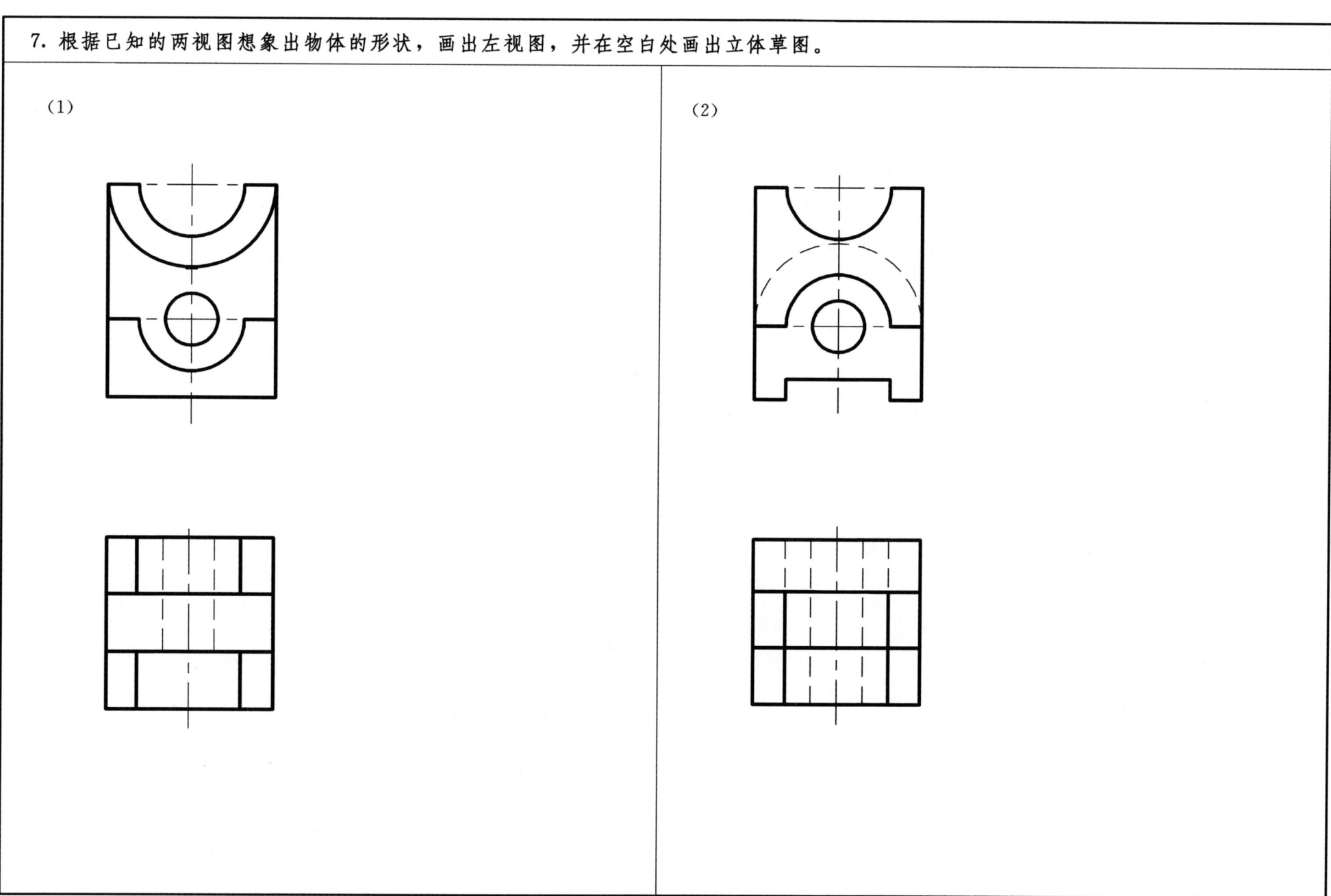

第 3 章　组合体视图与尺寸

8. 根据三视图想象组合体的形状，并构思能与给定组合体构成一完整的长方体或圆柱体的镶嵌体，画出其三视图。

示例步骤：1. 已知三视图。2. 想象组合体形状。3. 构思合成体为长方体的镶嵌体形状。4. 画出镶嵌体的三视图。

已知三视图　　　　　　　　　　　　　　　　　　　镶嵌体的三视图

（1）画出合成体为长方体的镶嵌体的三视图。

（2）画出合成体为圆柱体的镶嵌体的三视图。

班级　　　姓名

第 3 章　组合体视图与尺寸

9. 补画视图和视图中所缺的线条。

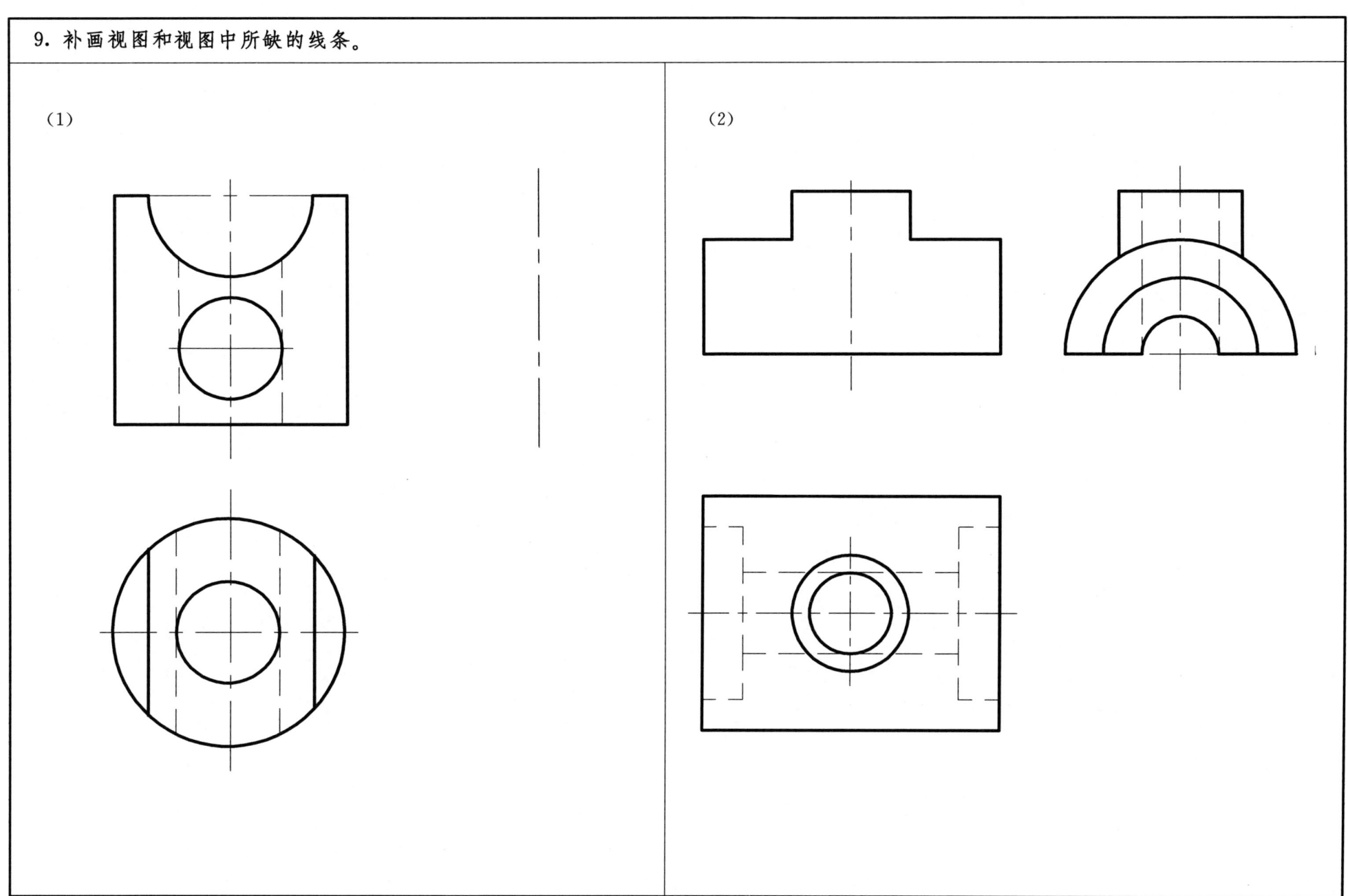

第 3 章　组合体视图与尺寸

10. 补画视图中遗漏的图线，并在空白处画出组合体的立体草图。

(1)

(2)

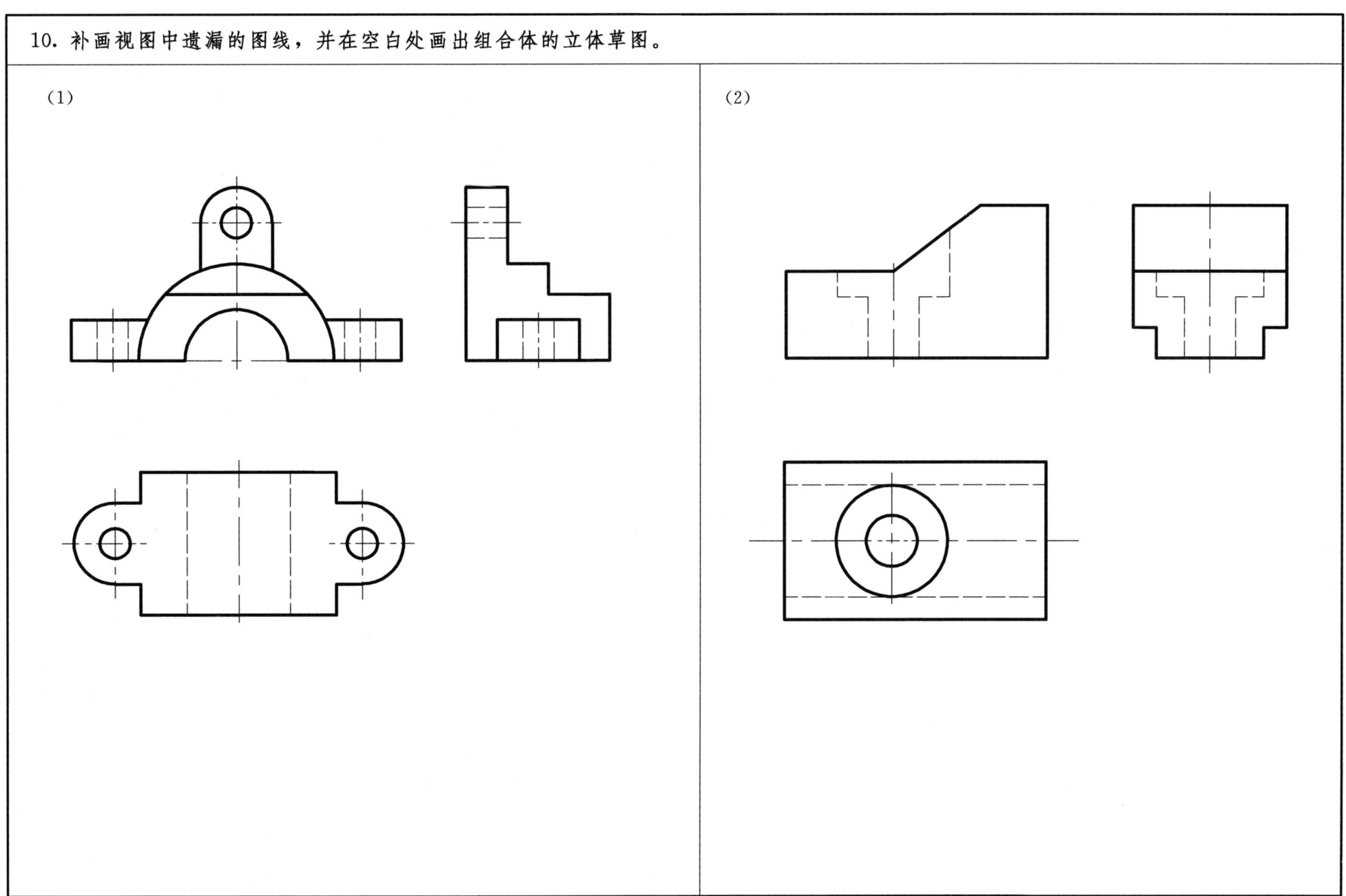

第 3 章 组合体视图与尺寸

11. 根据组合体已知的两视图，补画第三视图，并在空白处徒手画出立体图。

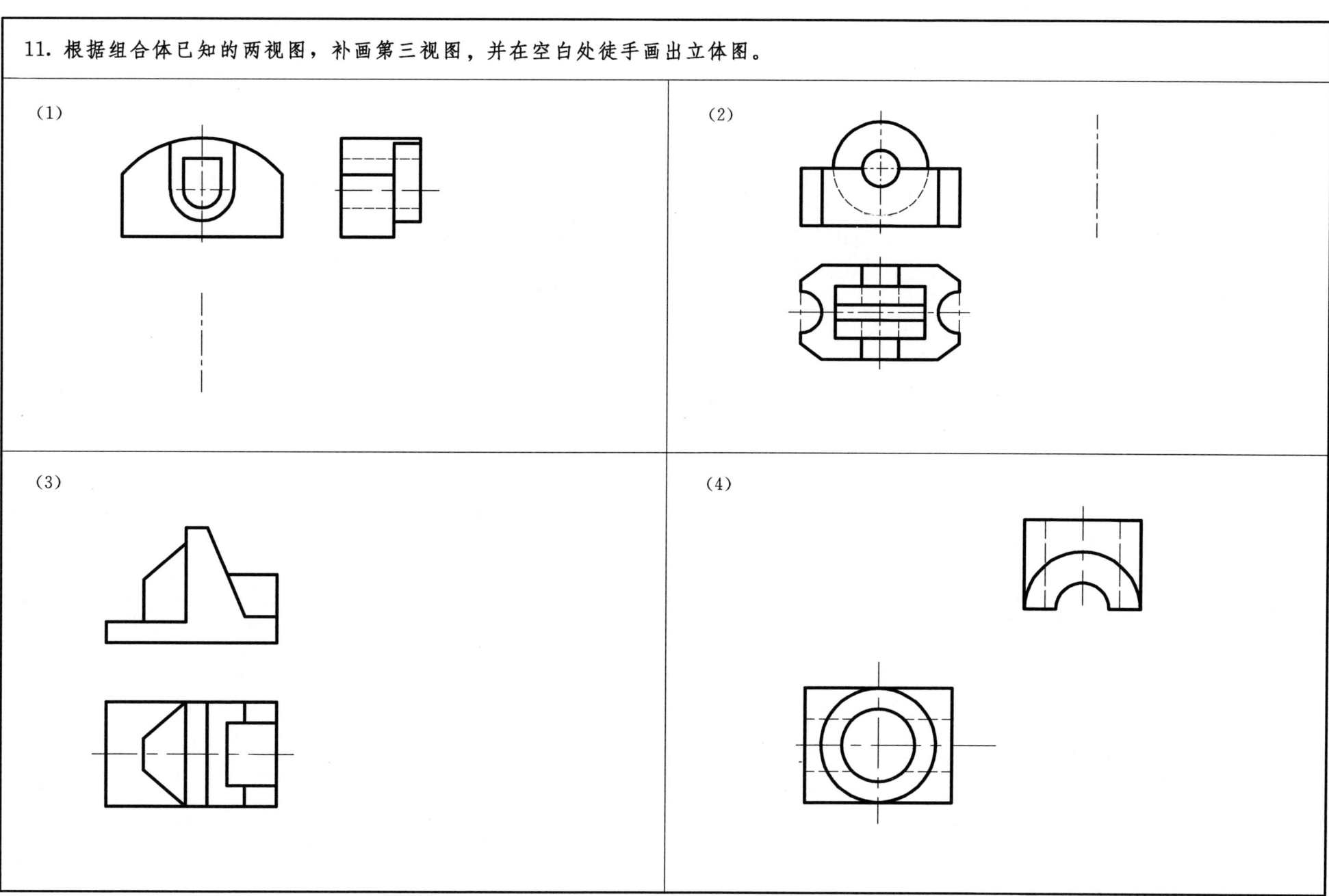

第 3 章 组合体视图与尺寸

12. 根据组合体已知的两视图，补画第三视图并标注尺寸，在空白处徒手画出组合体立体图。

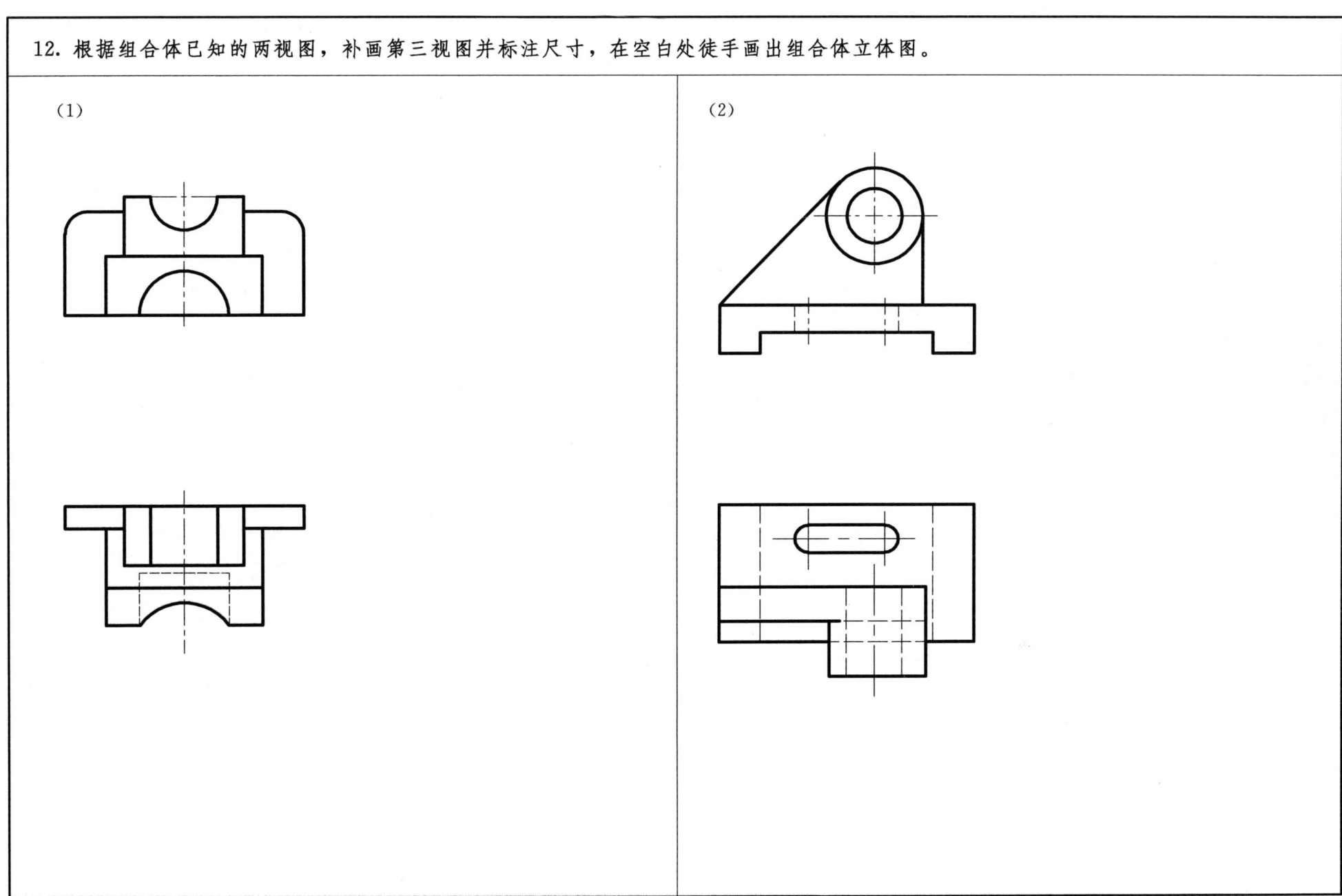

(1)　　　　(2)

第 3 章 组合体视图与尺寸

13. 标注组合体视图的尺寸。

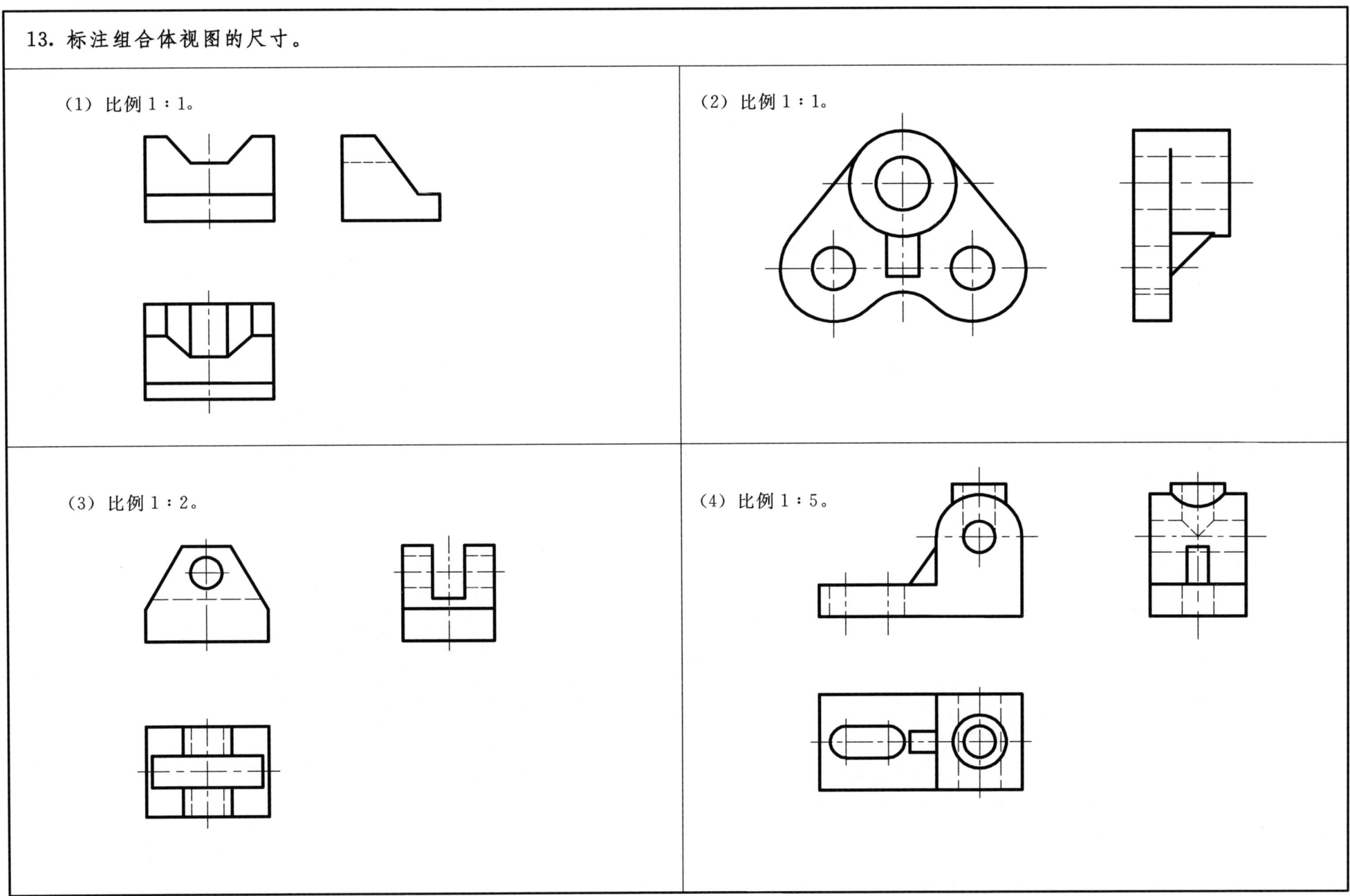

(1) 比例 1∶1。

(2) 比例 1∶1。

(3) 比例 1∶2。

(4) 比例 1∶5。

第 3 章　组合体视图与尺寸

14. 看懂视图后标注尺寸，尺寸数值按 1∶1 从图中直接量取（取整数）。

（1）

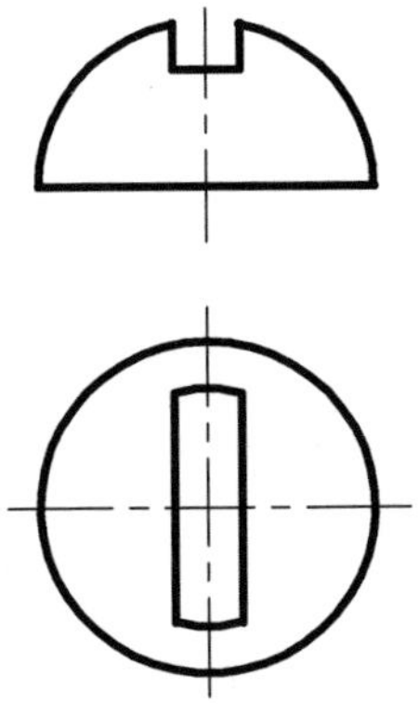

（2）

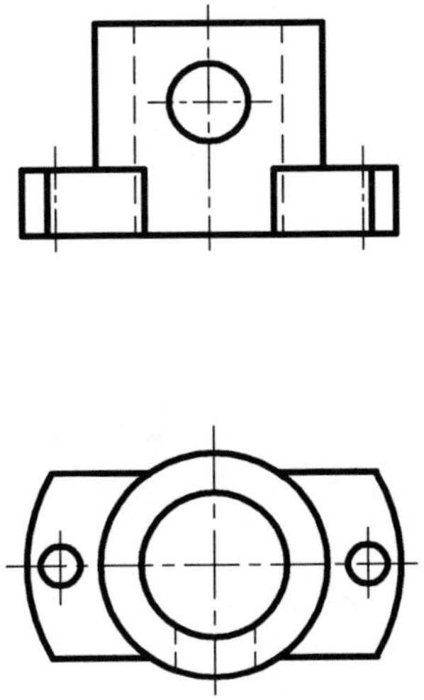

（3）

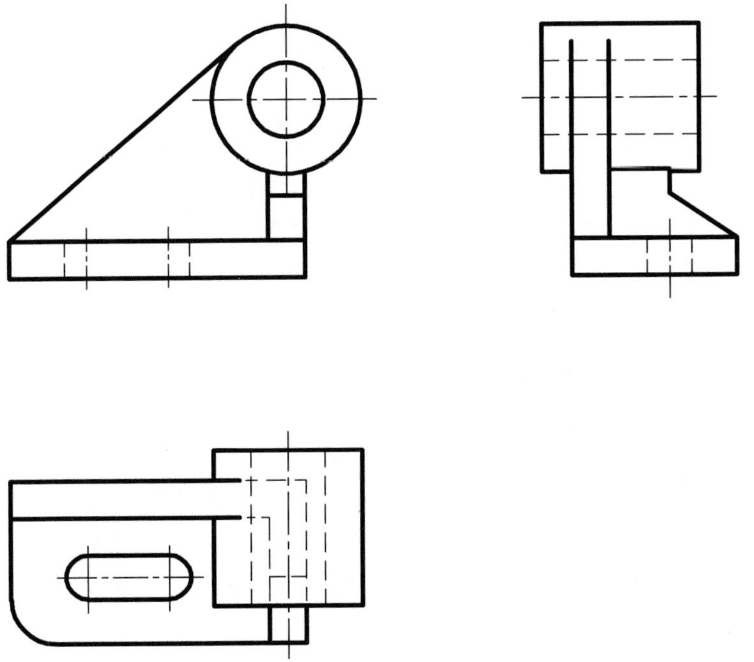

1. 圆筒的定形尺寸为_____和_____。
2. 底板的定形尺寸为_____和_____。
3. 高度方向的尺寸基准为_____。
4. 长度方向的尺寸基准为_____。
5. 宽度方向的尺寸基准为_____。
6. 圆筒的高度方向定位尺寸是_____；宽度方向的定位尺寸是_____；底板的长度方向定位尺寸是_____。

班级　　　姓名

第3章 组合体视图与尺寸

15. 根据已知的两视图，补画左视图并按建筑制图尺寸标注形式标注尺寸，尺寸数值按1:1从图中直接量取（取整数）。

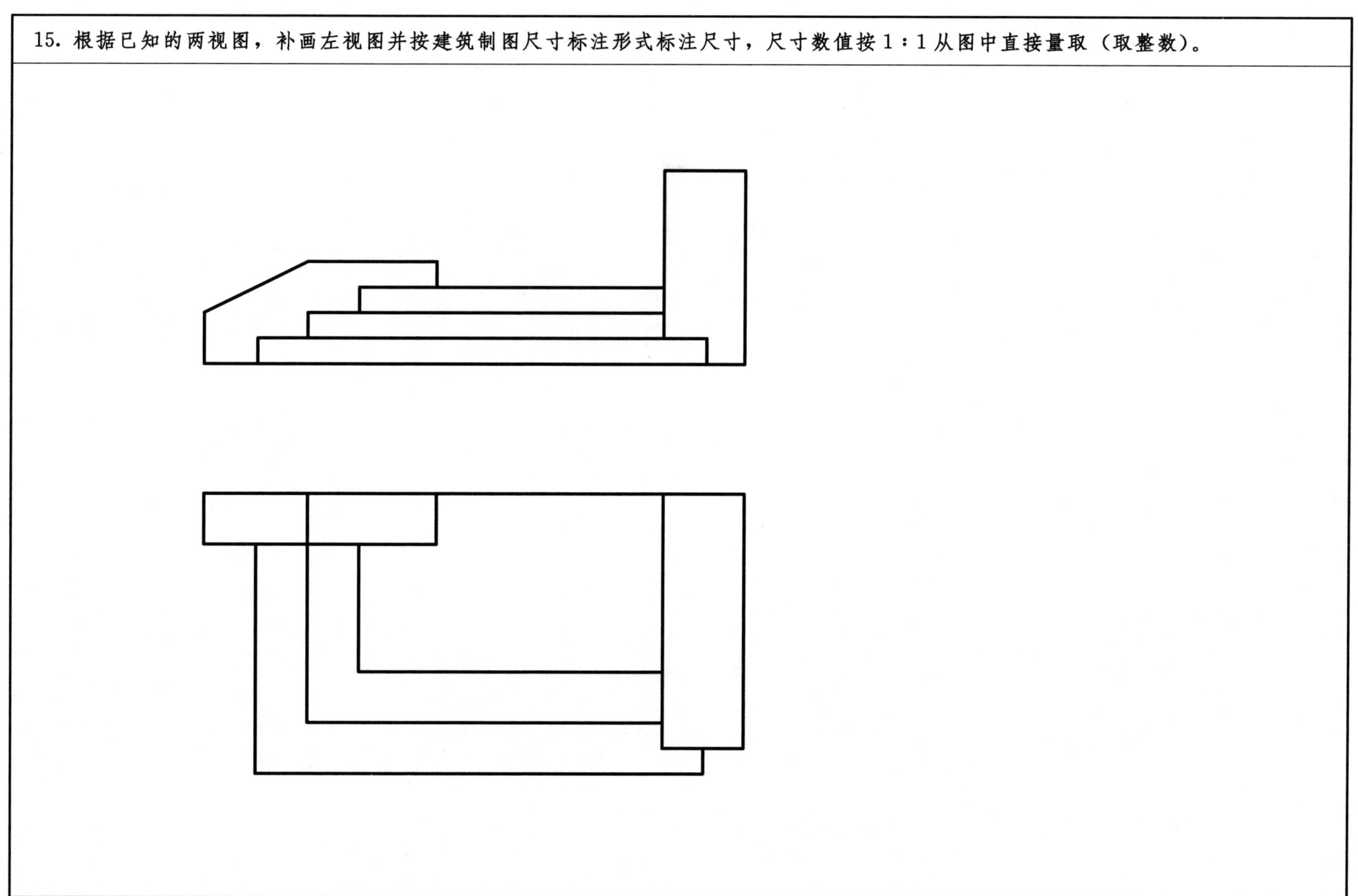

第 3 章 组合体视图与尺寸

16. 已知两视图，用形体分析法看图并补画左视图。

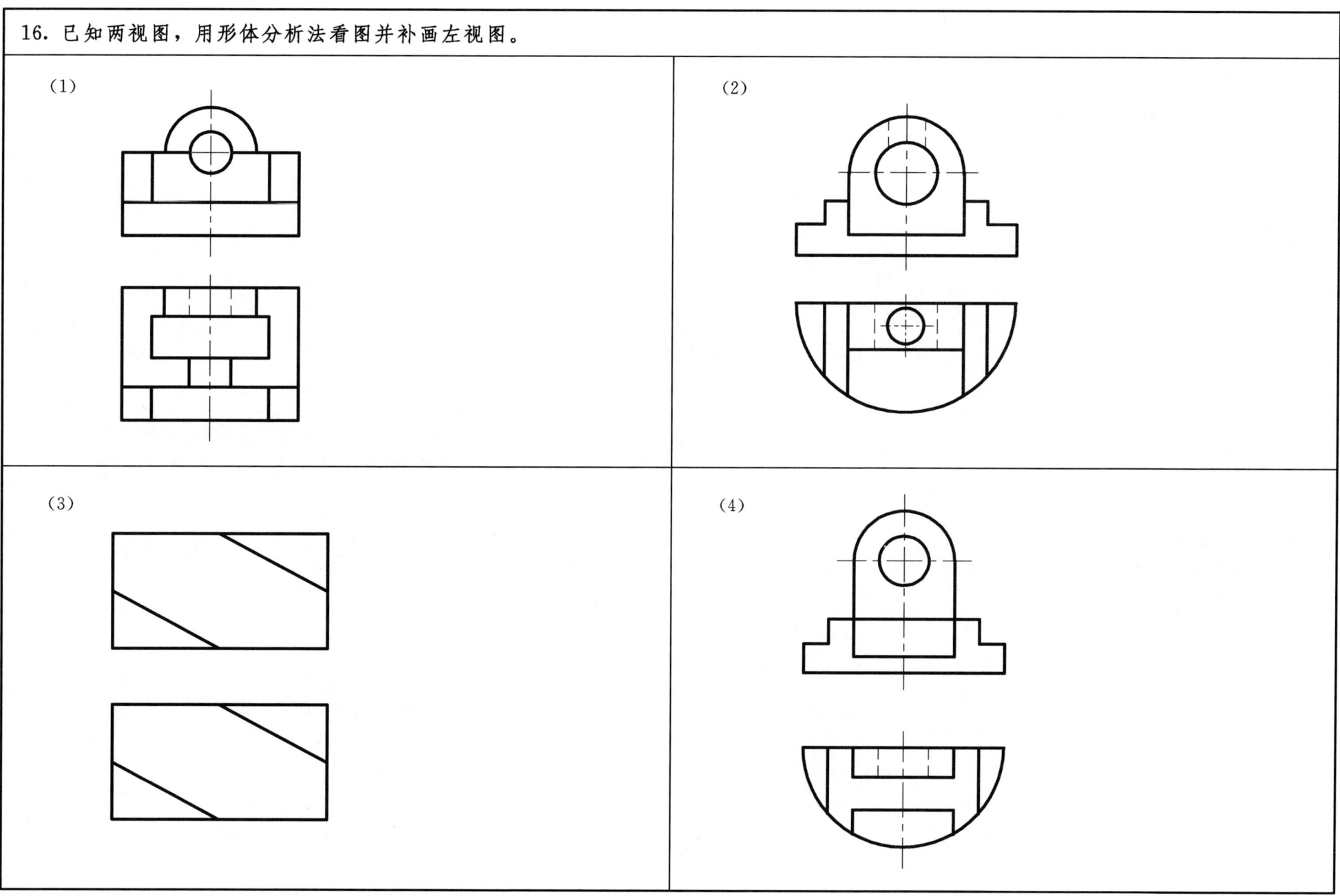

第 3 章　组合体视图与尺寸

1. 根据三视图在空白处绘制正等轴测图。

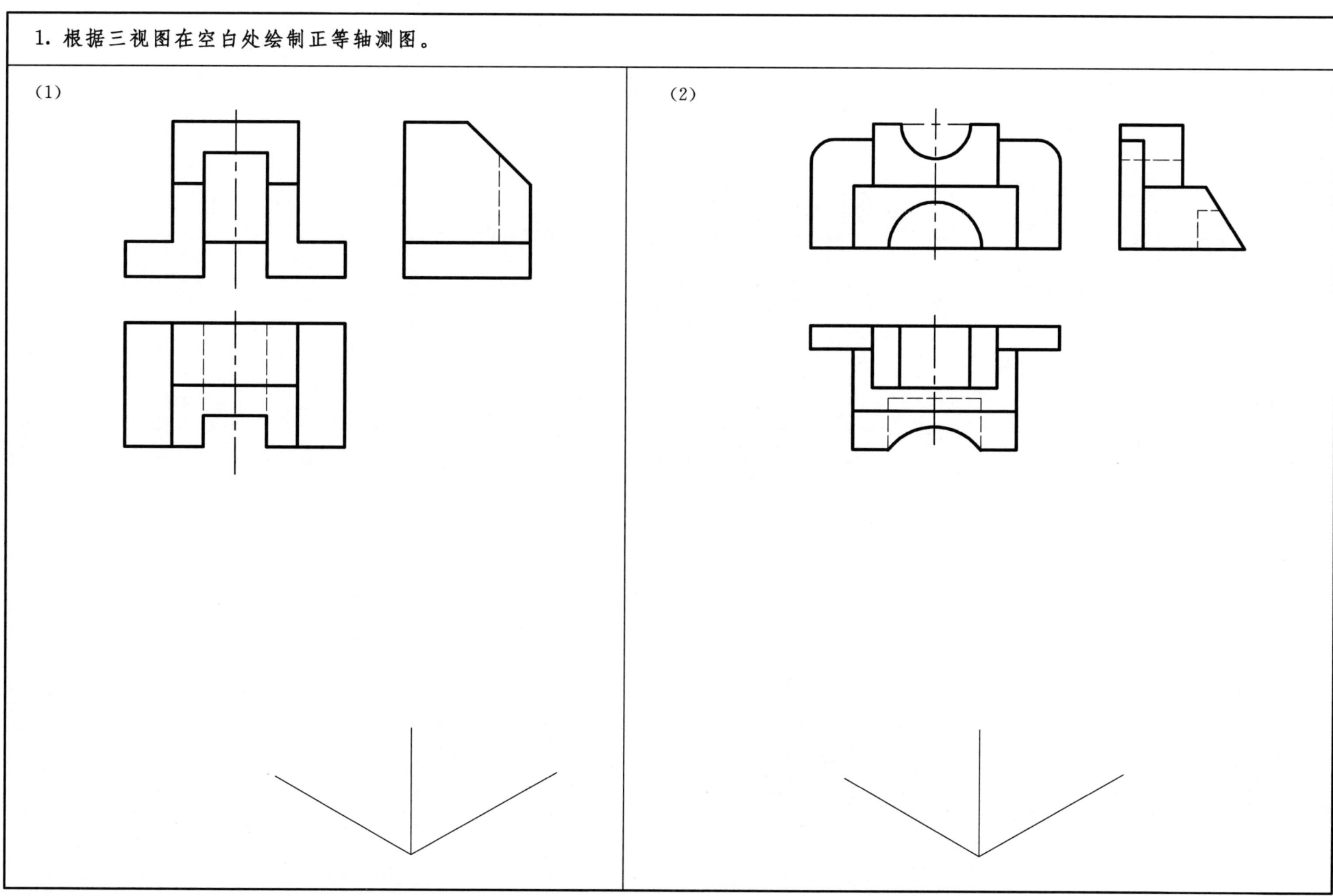

（1）　（2）

第 4 章 轴测图

2. 根据三视图在空白处绘制正等轴测图，并在三视图和轴测图上分别标注尺寸（比例 1∶1，取整数）。

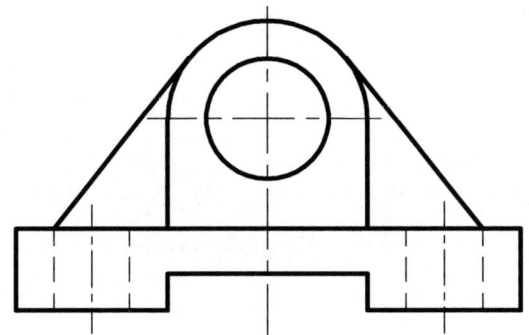
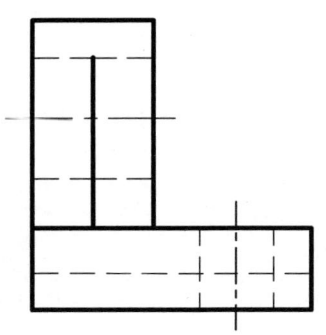
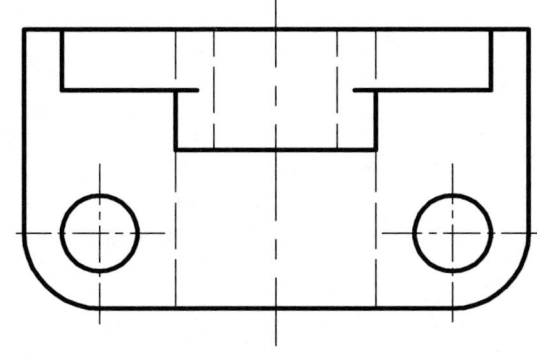

主视图投影方向

第 5 章 常用表达方法

1. 根据给定立体的主、俯、左视图，画出该立体基本视图中的其余三个视图。

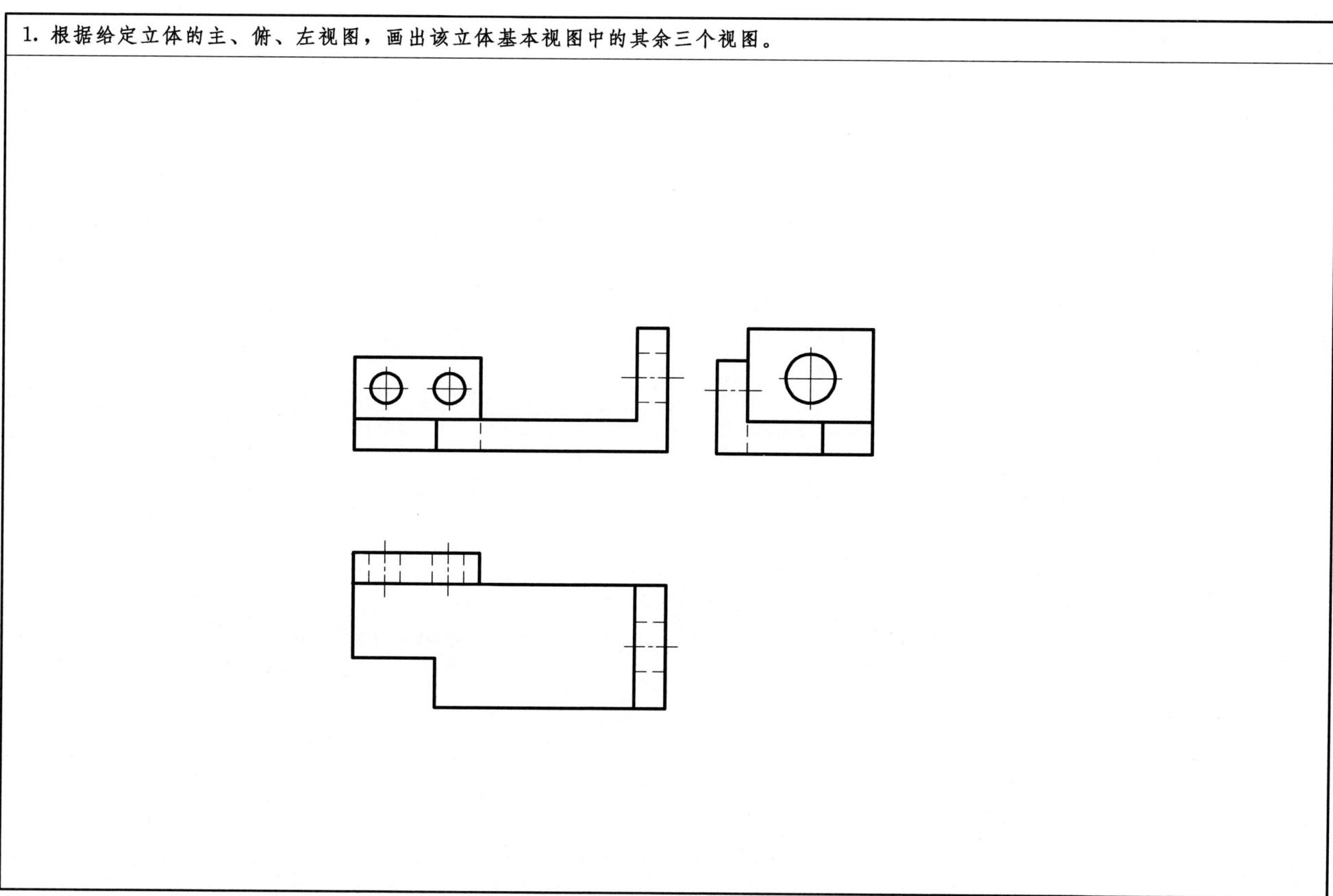

第 5 章 常用表达方法

2. 按规定用字母和箭头标注出右、后、仰三视图的名称及投影方向。

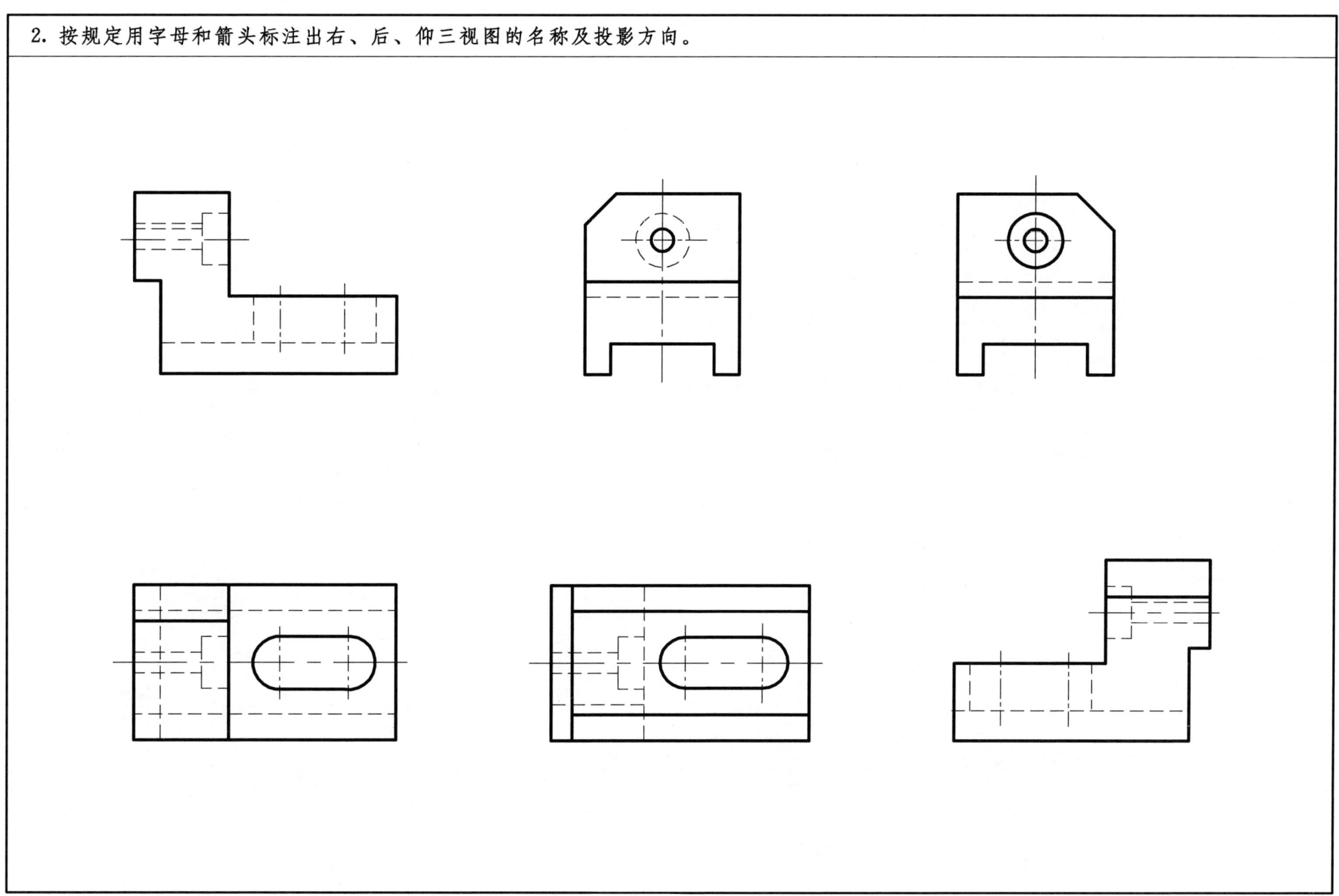

第 5 章 常用表达方法

3. 按指定要求在适当位置完成斜视图和局部视图。

(1) 作 A 向斜视图。

(2) 作 A 向斜视图和 B 向局部视图。

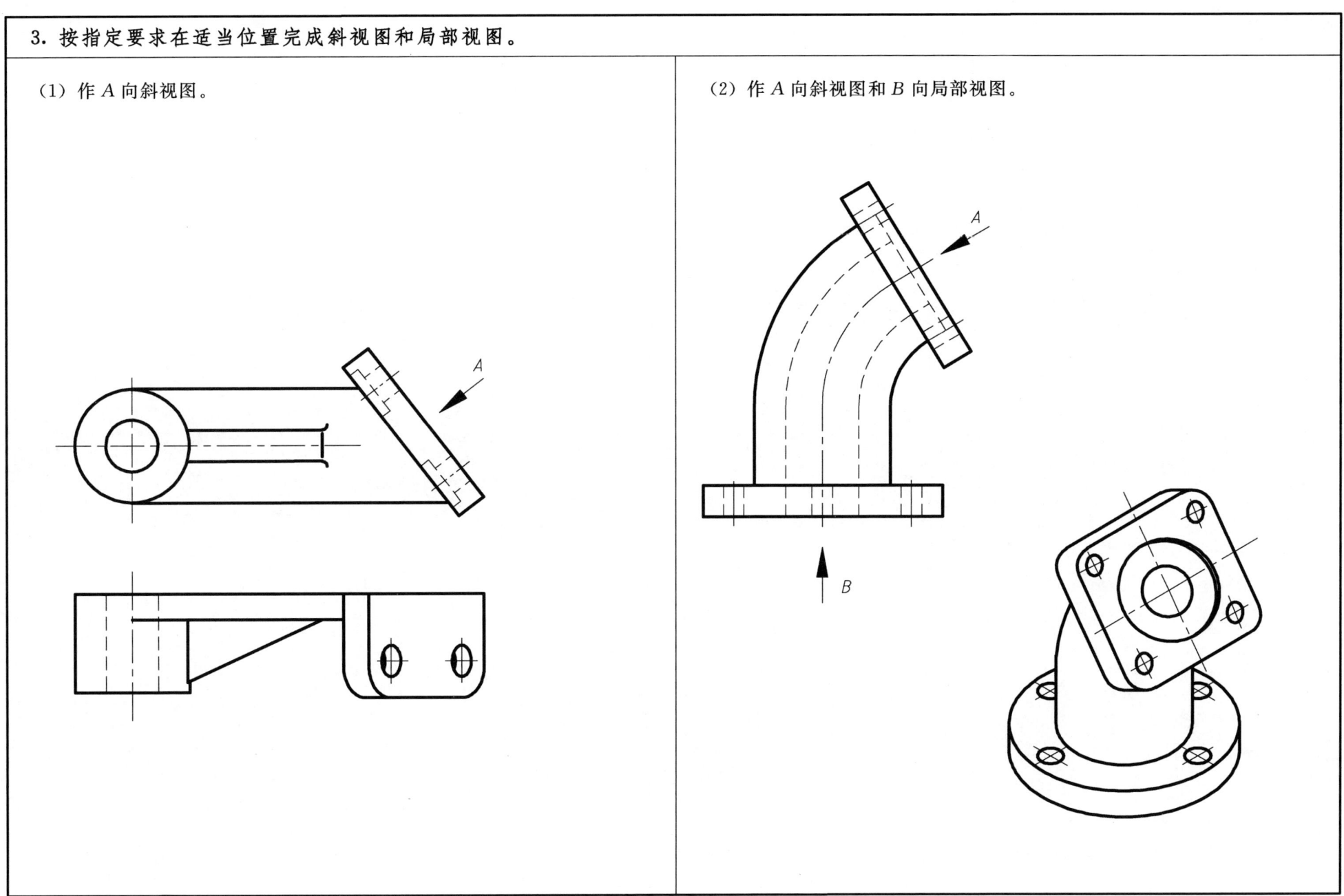

第5章 常用表达方法

4. 将主视图改画成全剖视图。

(1)

(2)

第 5 章 常用表达方法

5. 看懂下面剖视图，想出立体形状，补画剖视图中的漏线。

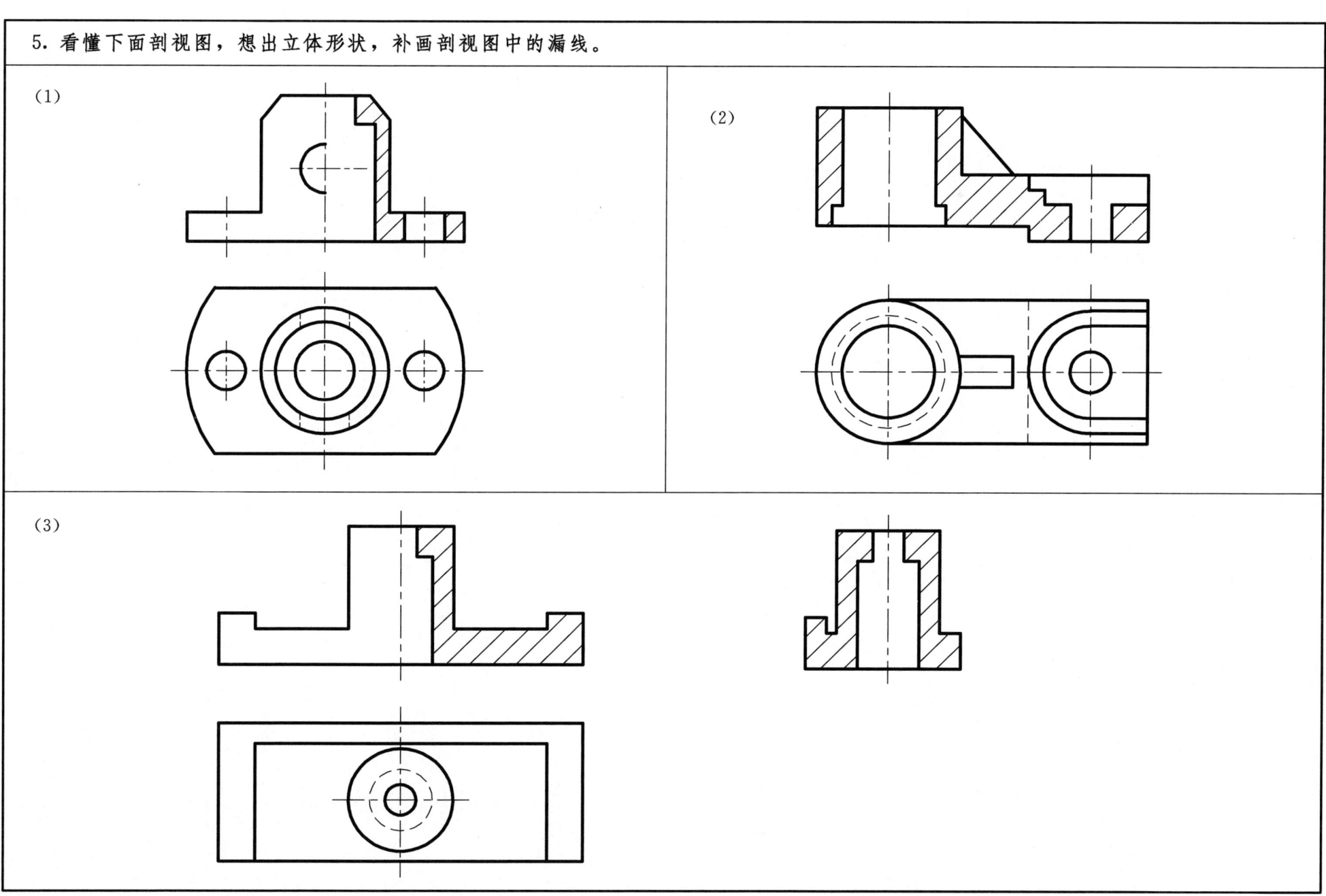

第 5 章 常用表达方法

6. 补画半剖视图中的漏线。

7. 在指定位置将主视图画成半剖视，并将左视图画成全剖视。

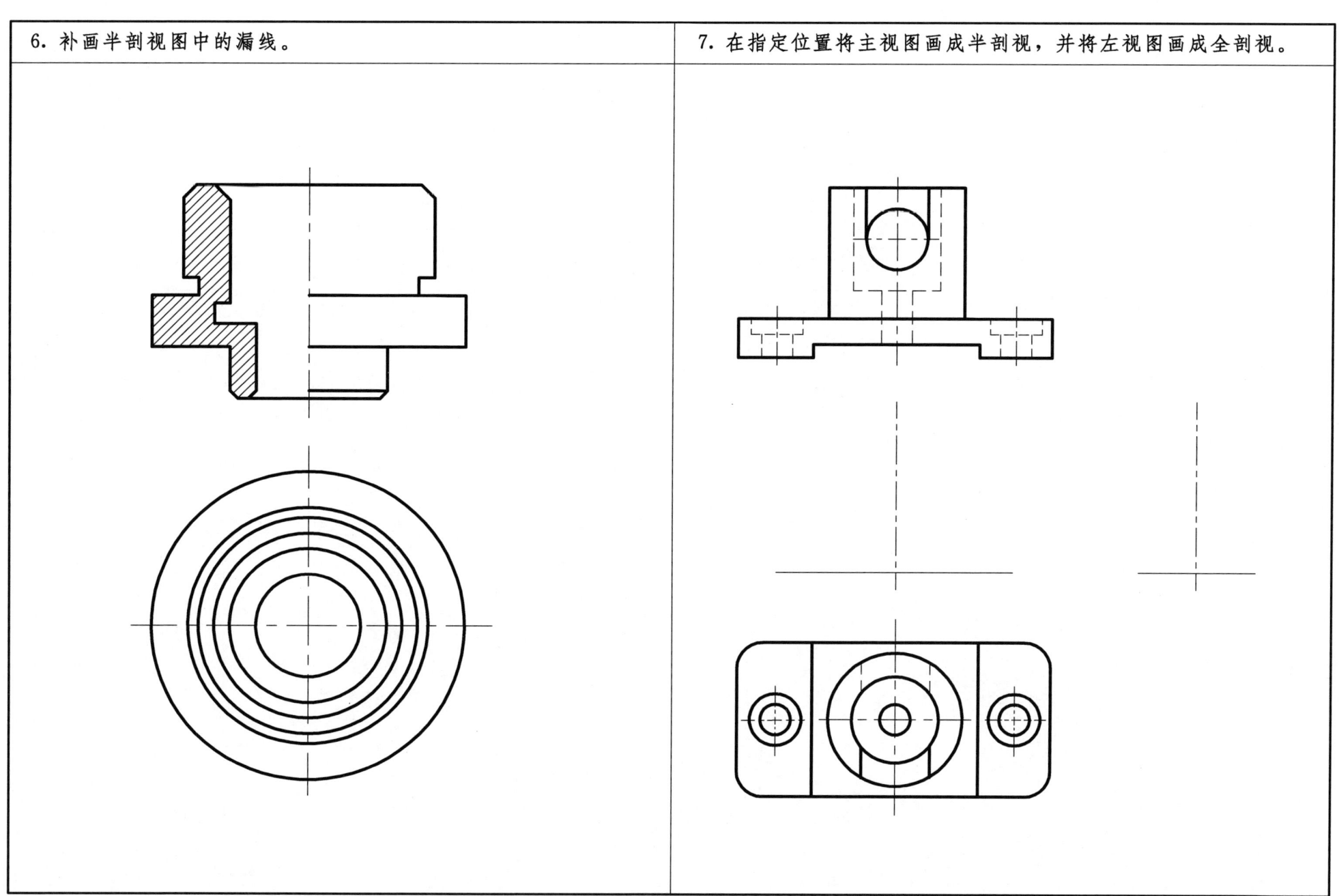

第 5 章　常用表达方法

8. 改正局部视图中的错误。

(1)

(2)

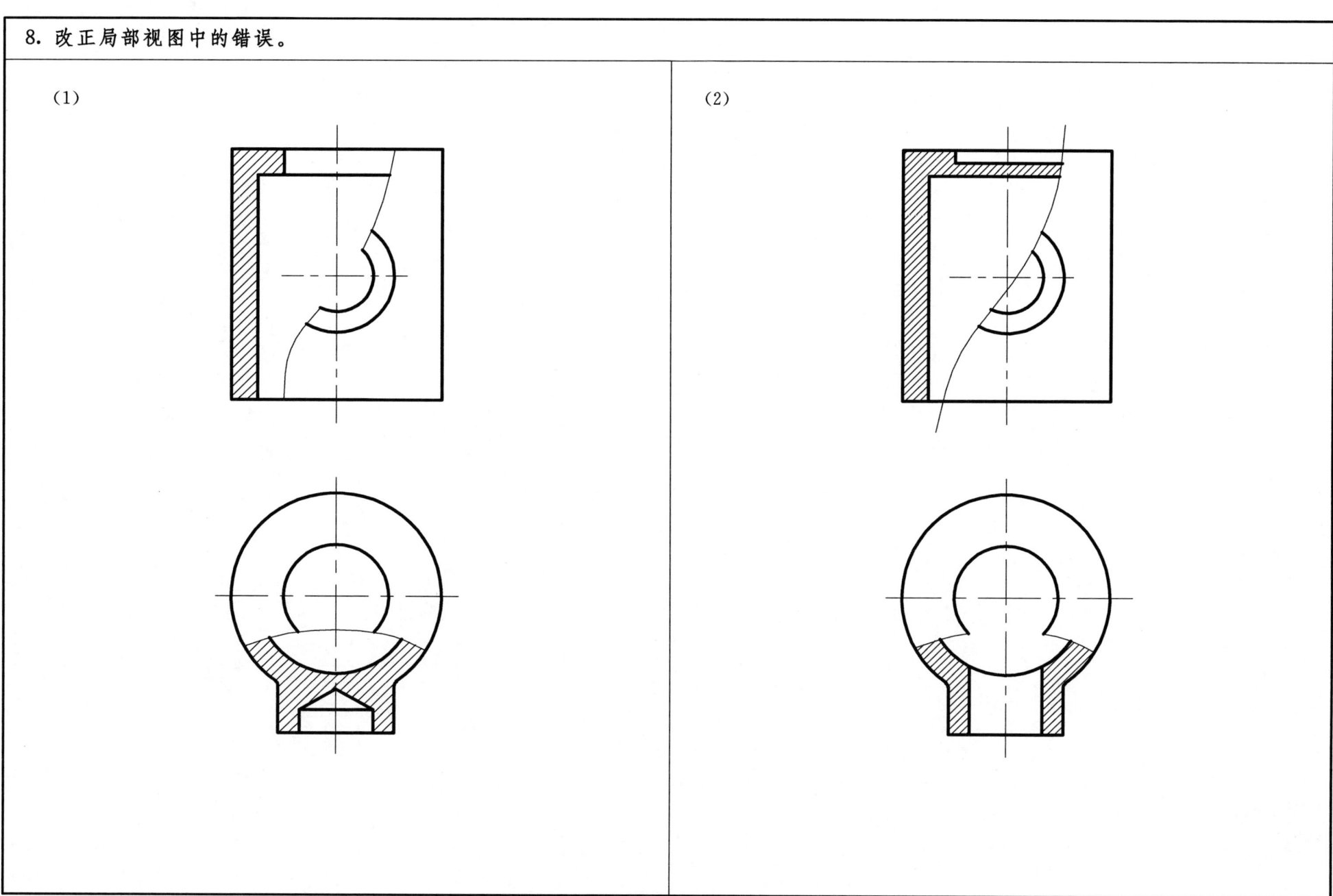

第 5 章　常用表达方法

9. 在指定位置将主视图画成适当的剖视图。

(1)

(2)

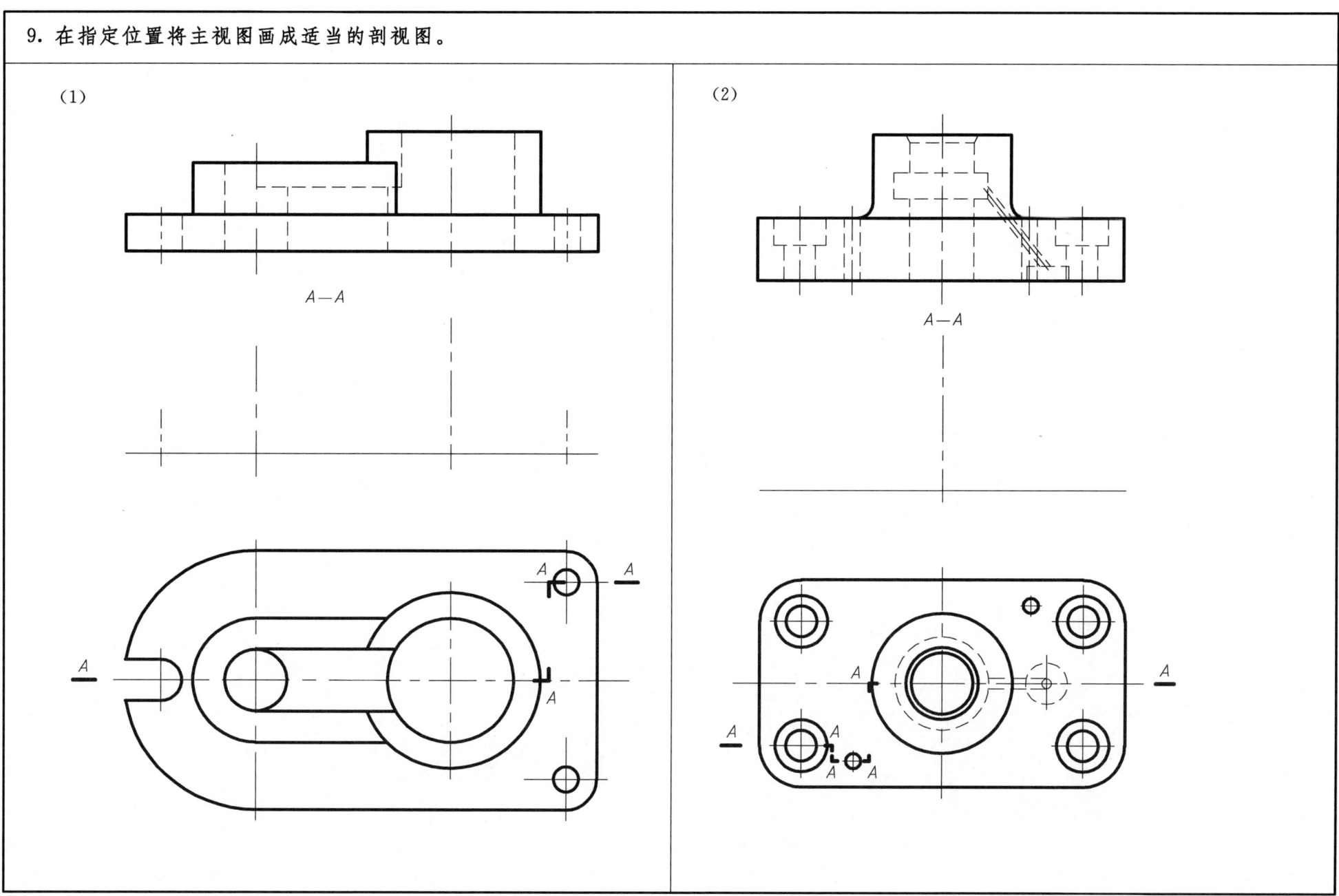

第5章 常用表达方法

10. 用适当剖切方法将题（1）的俯视图，题（2）的主视图画成全剖视图。

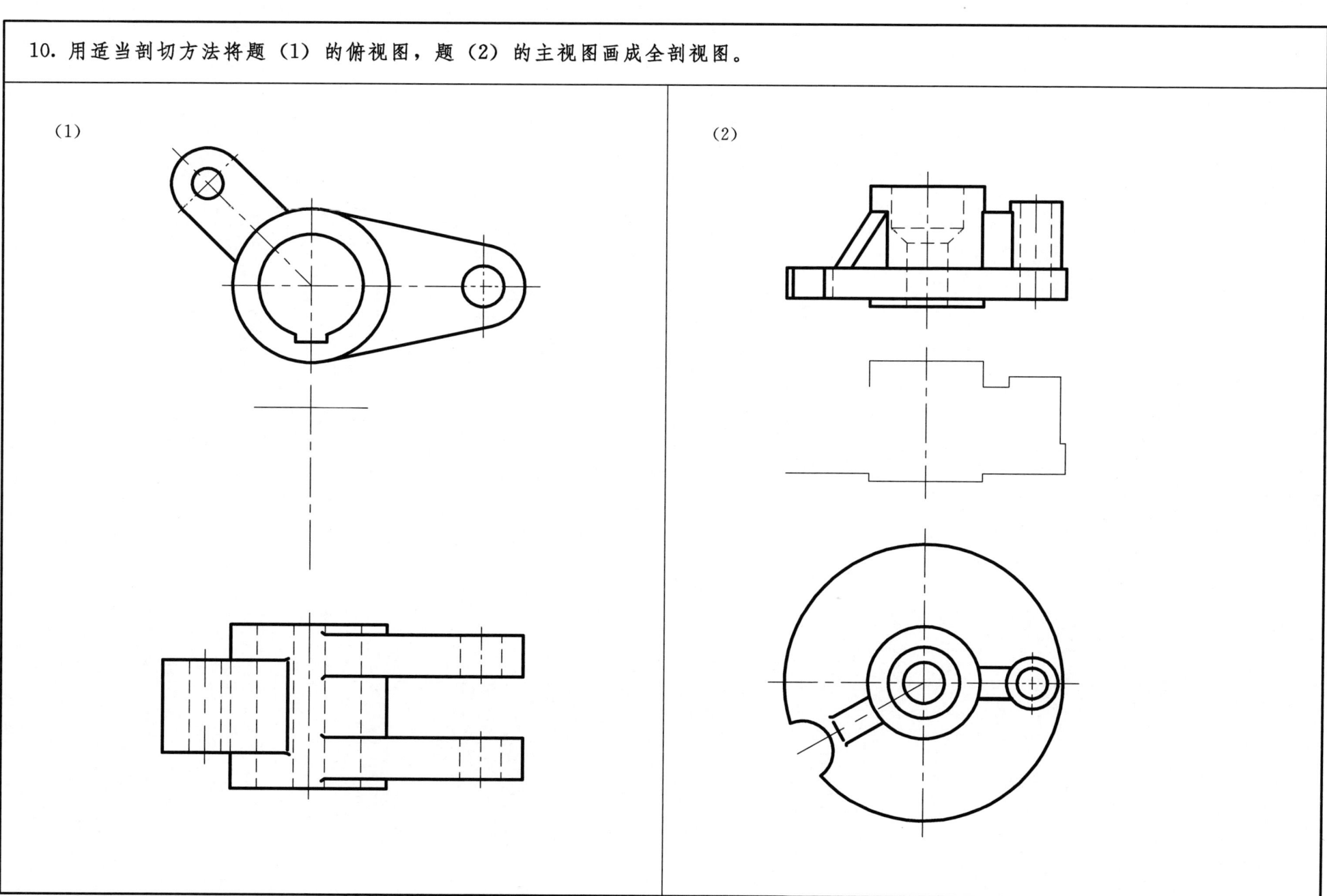

第 5 章　常用表达方法

11. 分辨正确和错误的断面图，在正确图下面画 ✓。

(1)

(2)

(3)

第 5 章　常用表达方法

12. 在 4 个指定的位置上画出移出断面图。①画在任意位置②③④画在剖切线延长线上。

A—A

第5章 常用表达方法

13. 完成题（1）指定位置的移出断面图；题（2）在两相交剖切平面迹线的延长线上画出断面图。

(1)

B—B   A—A

(2)

第 5 章　常用表达方法

14. 依据给定的视图与立体图，画出 A 向局部视图，并在 A4 图纸上，选择适当的表达方法，重新画出该立体的视图。尺寸按 1:1 量取并圆整。

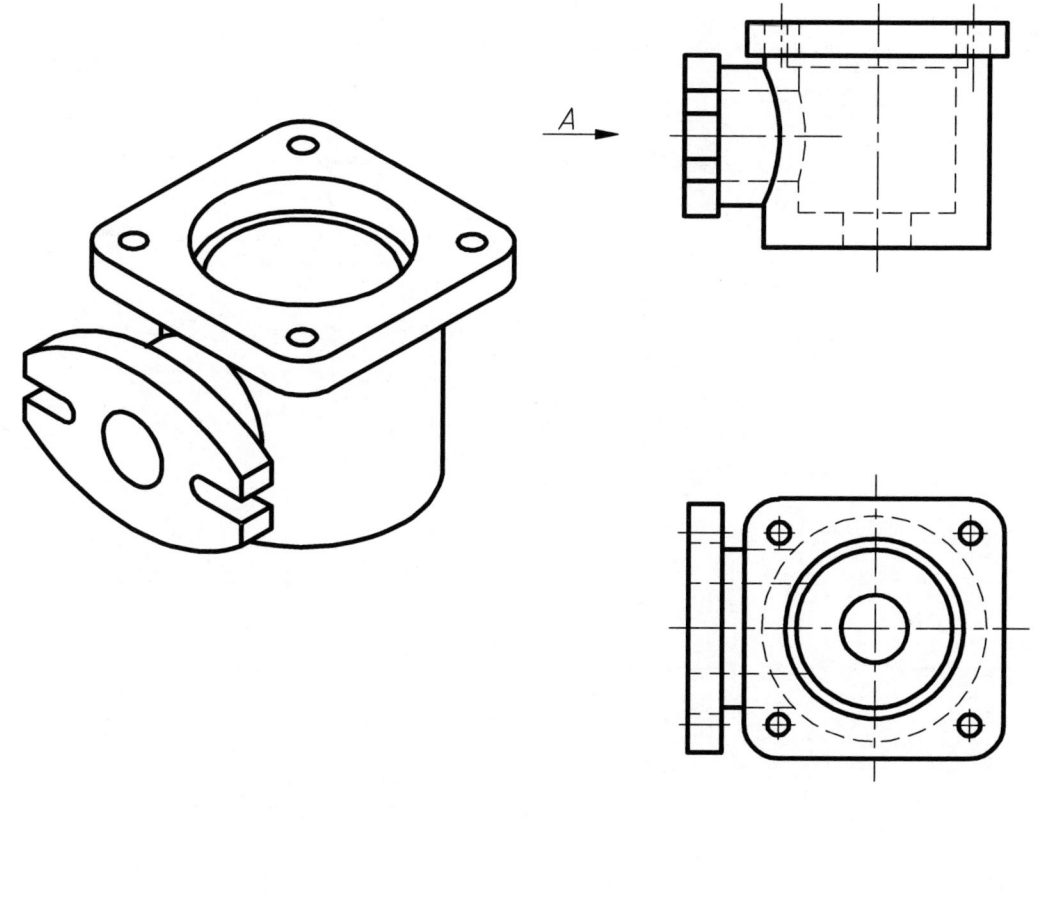

班级　　　姓名

第 5 章 常用表达方法

15. 依据下面视图中指定的表达方法，完成 C—C 剖视，并完成指定的 A 向斜视图和 B 向局部视图。

C—C

A   B

第 5 章 常用表达方法

16. 表达方法大作业（一）。

作业指导书

一、内容
根据机件给定的视图，选择合适的表达方法表达机件，并标注尺寸、绘制正等轴测图。

二、作业目的
1. 掌握机件表达方法，培养学生的机件表达能力。
2. 进一步练习组合体视图的尺寸标注方法。
3. 进一步练习正等轴测图的绘制方法。

三、要求
1. 用 A3 图纸，自己选定绘图比例。
2. 视图布局要合理。

四、注意事项
1. 各种表达方法选用恰当且简明清晰。
2. 尺寸标注要完整、正确、清晰。
3. 视图的投影关系和画法要正确。

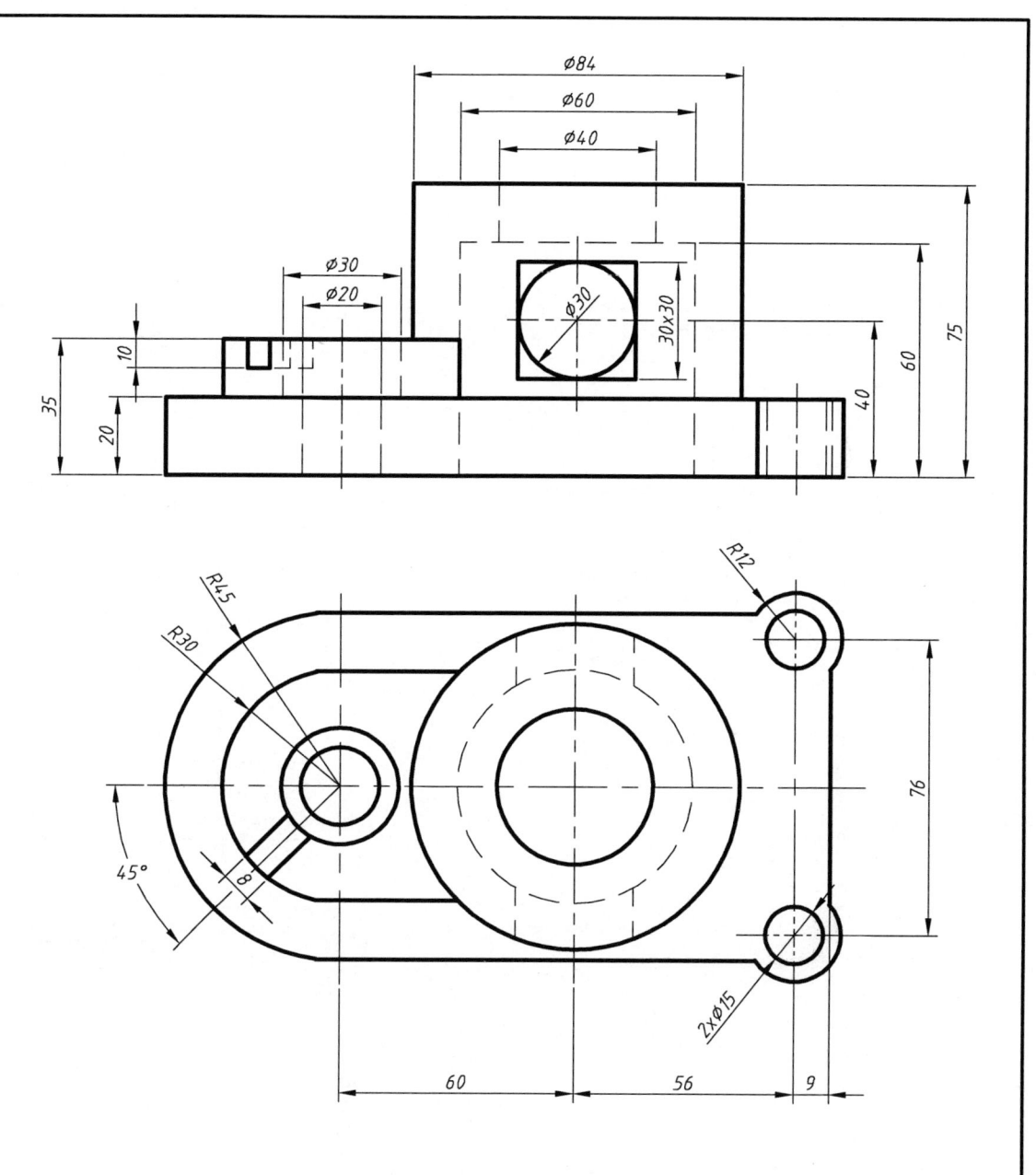

第 5 章 常用表达方法

17. 表达方法大作业（二）。

作业指导书

一、内容

根据机件给定的视图，选择合适的表达方法表达机件，并标注尺寸、绘制正等轴测图。

二、作业目的

1. 掌握机件表达方法，培养学生的机件表达能力。
2. 进一步练习组合体视图的尺寸标注方法。
3. 进一步练习正等轴测图的绘制方法。

三、要求

1. 用 A3 图纸，自己选定绘图比例。
2. 视图布局要合理。

四、注意事项

1. 各种表达方法选用恰当且简明清晰。
2. 尺寸标注要完整、正确、清晰。
3. 视图的投影关系和画法要正确。

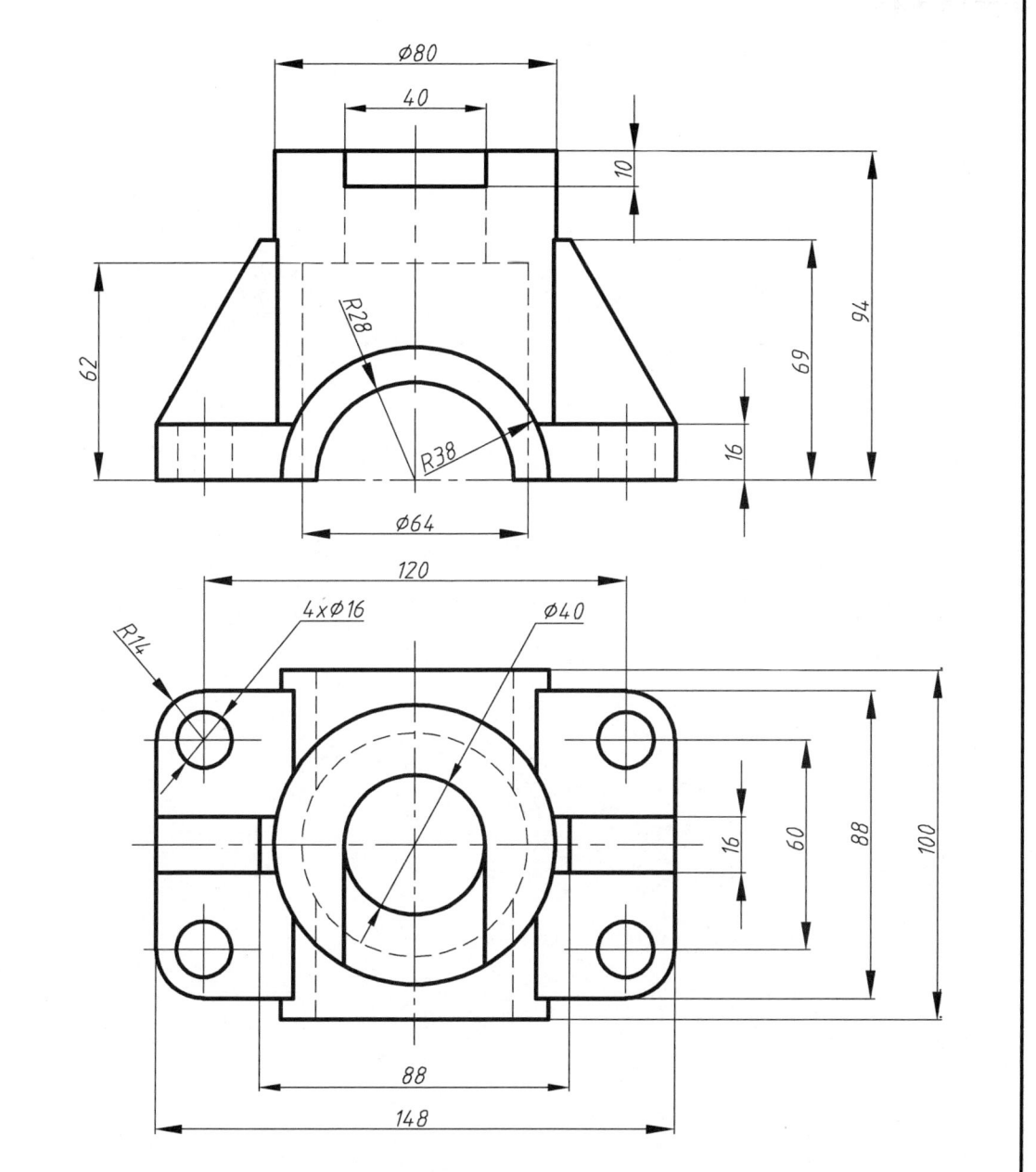

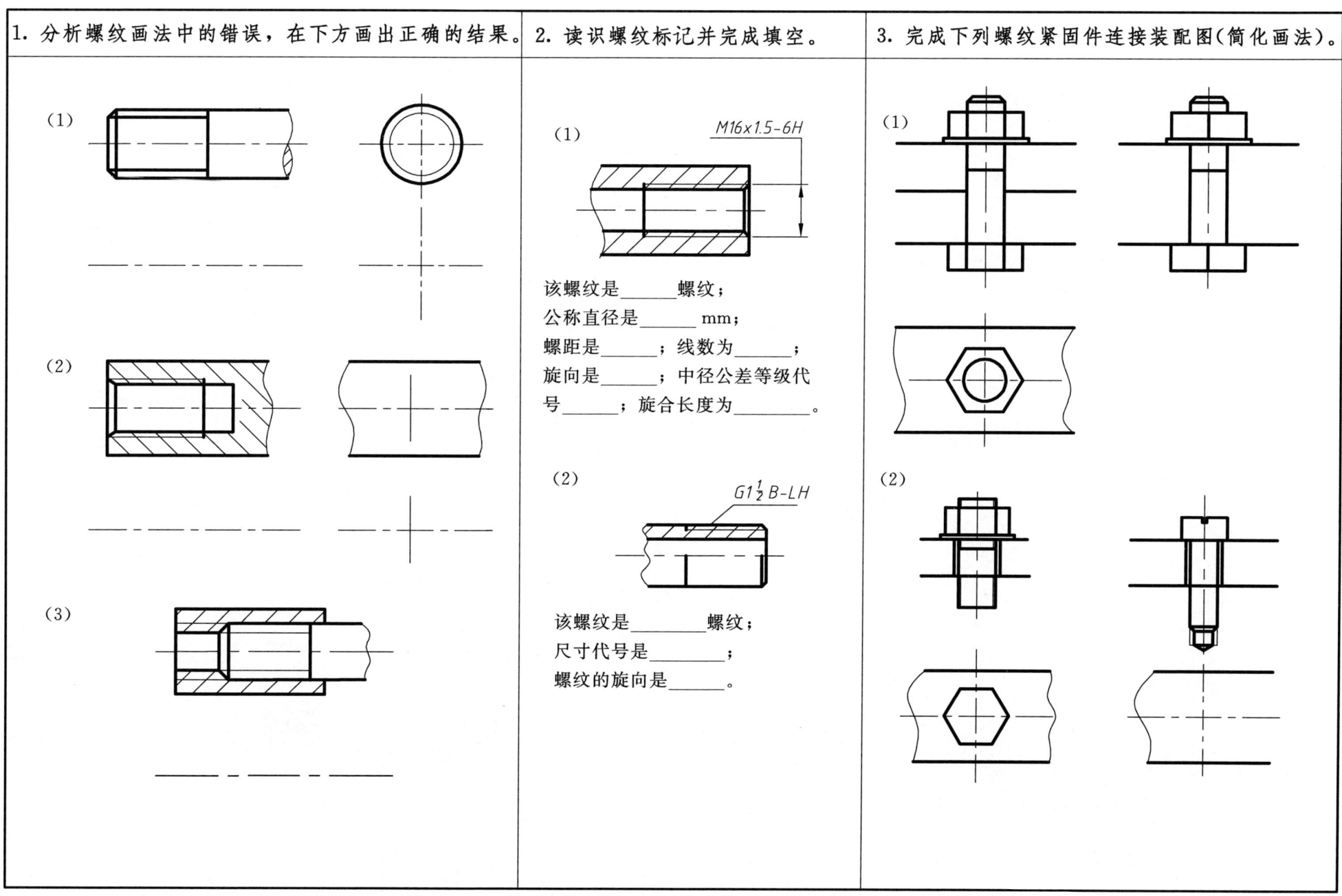

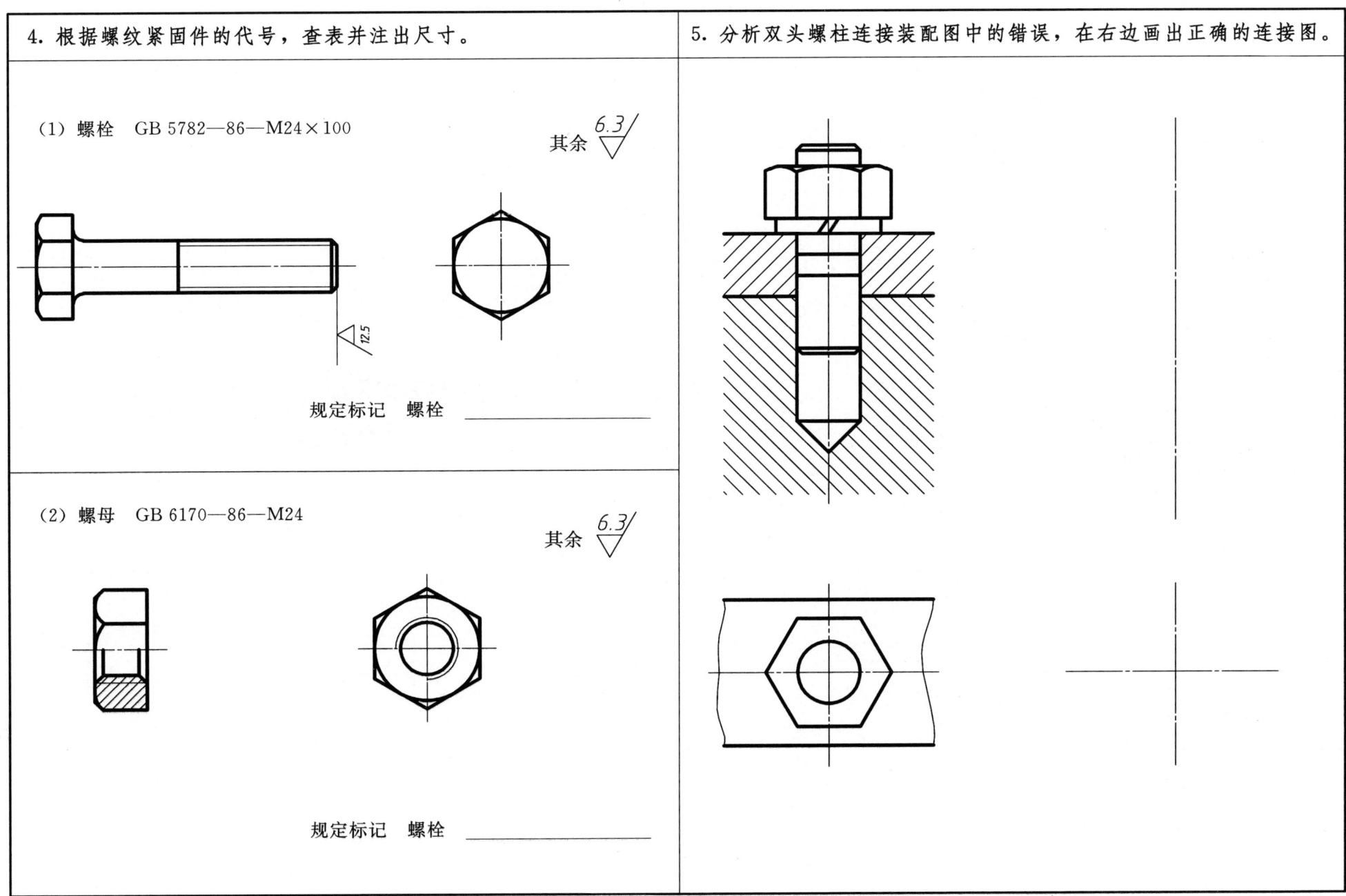

第 6 章　零件图与装配图

6. 根据已知条件，按比例画法画出螺栓连接装配图。

已知：两板厚 $d_1=d_2=16$mm，板长 64mm，宽 46mm；螺栓 GB 5782—86—M16×L（L 计算后取标准值）；螺母 GB 6170—86—M16；
　　　垫圈 GB 97.1—85—16。

要求：按比例 1∶1 画出螺栓装配图的三视图（主视图作全剖视）。

班级　　　姓名

第 6 章　零件图与装配图

7. 画出零件的螺钉连接装配图。

已知：上板厚 $d_1=8$mm；下板厚 $d_2=26$mm，上下板宽度为 40mm，材料为铸铁；螺钉 GB 68—85—M10×L（计算后取标准值）。

要求：按比例 1∶1 画出螺钉装配图的两个视图（主视图作全剖视）。

第 6 章　零件图与装配图

8. 根据已知图形，补完整键槽在零件图和装配图上的形状；并在图上标注孔和轴的尺寸公差和配合要求。

已知：皮带轮孔径 φ16 的公差代号 H8，轴直径 φ16 的公差为 h7，查表后在图上标注尺寸偏差，在装配图上标出配合代号。

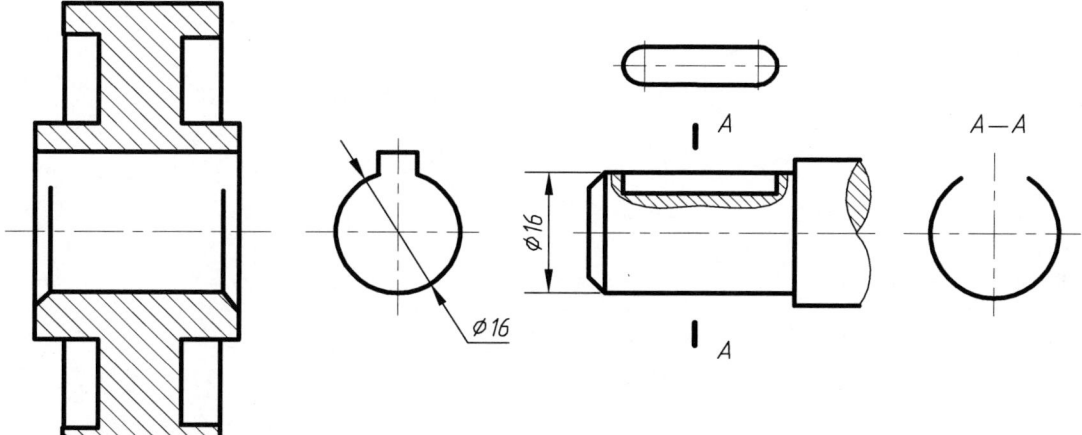
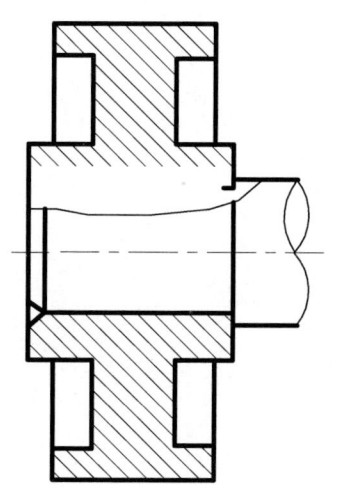

φ16H8 上下偏差 _____ ；
φ16h7 上下偏差 _____ 。

配合性质 _____ ；
配合性质 _____ 。

第 6 章 零件图与装配图

9. 读零件图并回答问题。

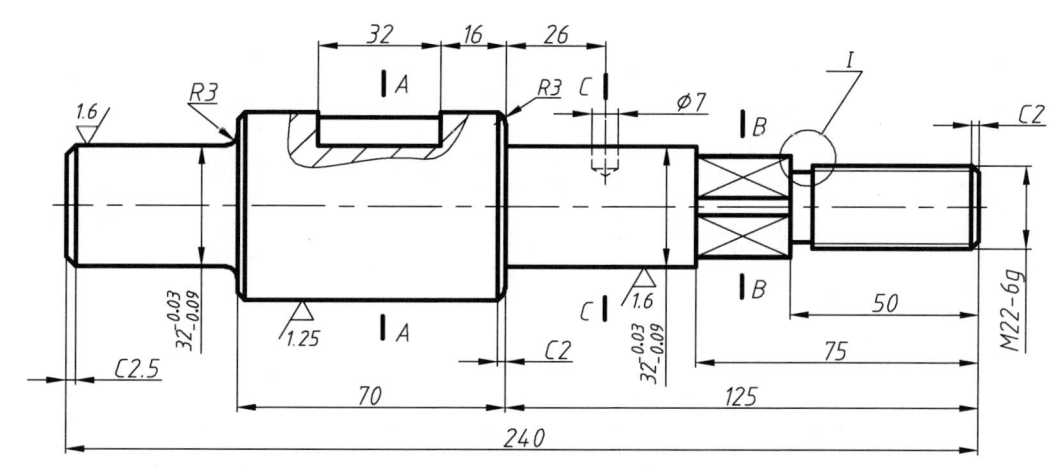
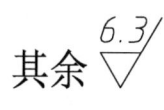
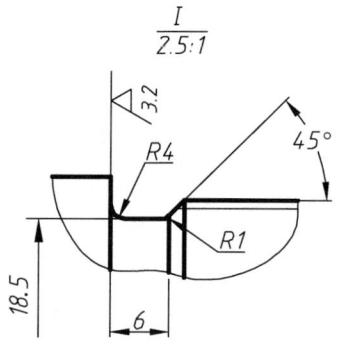
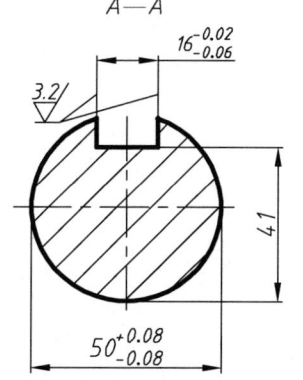
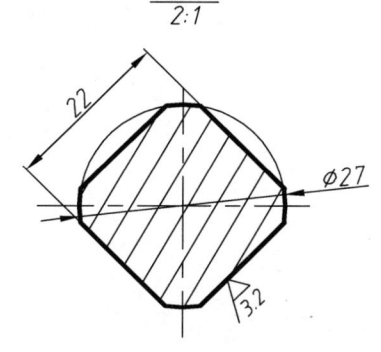

技术要求

1. 除螺纹表面外 HRC45-50。
2. $\phi 32_{-0.087}^{-0.025}$ 两处圆柱面对 $\phi 50_{-0.08}^{+0.08}$ 轴线的圆跳动公差为 0.04。
3. 两处 $\phi 32_{-0.087}^{-0.025}$ 的同轴度公差为 0.02。

回答问题

1. 分析图形，想象轴的形状，作出 C—C 移出断面图。
2. 分析尺寸，找出该轴的尺寸基准。
3. 把用文字说明的形位公差用代号和框格形式标注在图形上。
4. 指出该零件表面粗糙度要求最高的表面，并解释其含义。

传动轴		比例	1:2
		数量	
制图	（日期）	材料	45
描图	（日期）	上海第二工业大学	
审核	（日期）		

第 6 章 零件图与装配图

10. 读零件图并回答问题，解释图中尺寸公差和形位公差的含义，补画 B—B 剖视图。

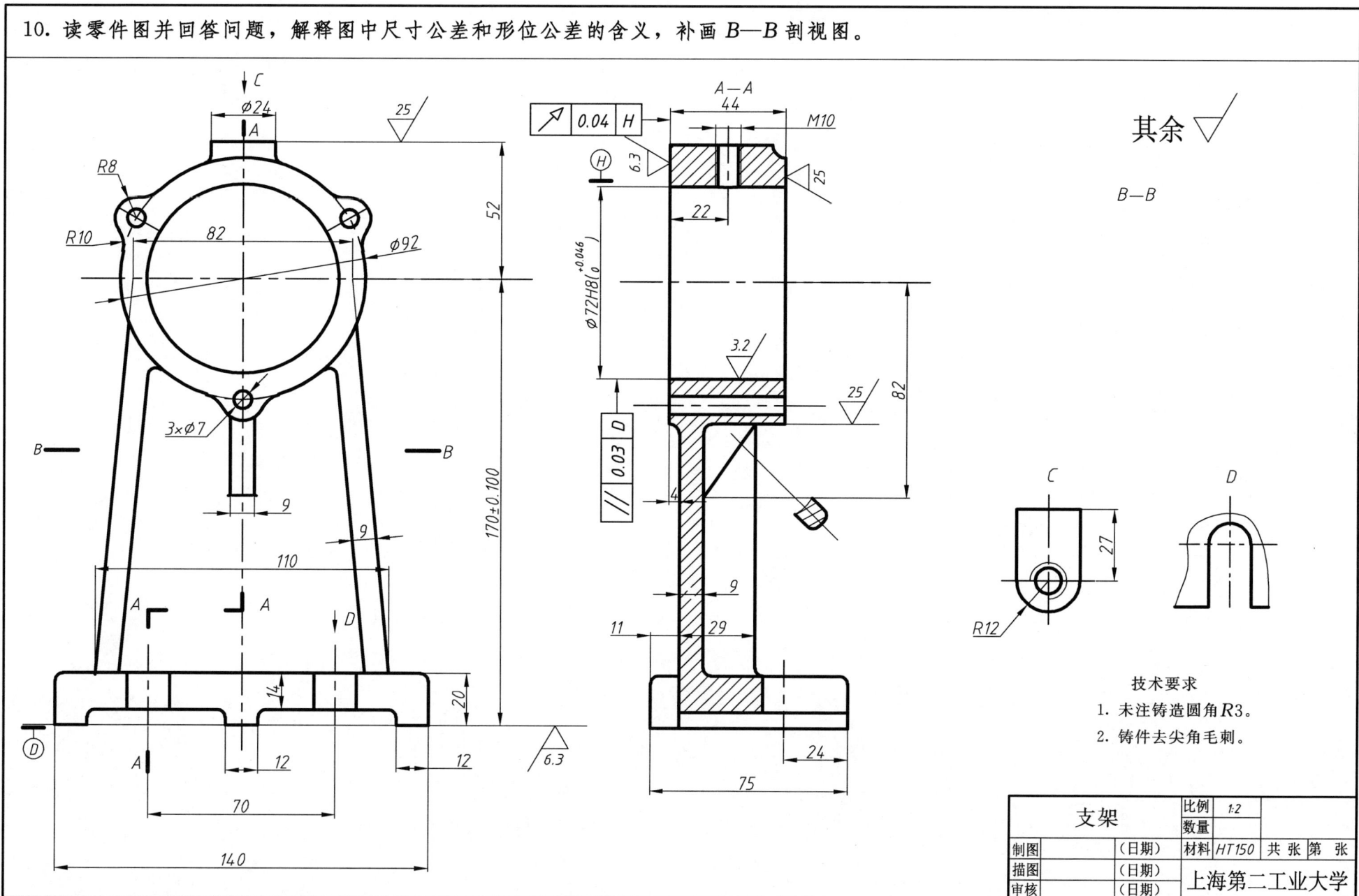

第 6 章　零件图与装配图

11. 根据已知视图，画托架的展开图。

技术要求
1. 表面镀锌钝化。
2. 未注圆角 $R1.5 \sim 2$。

托架	比例	1:2
	数量	
制图　　（日期）	材料	08F钢板
描图　　（日期）	共　张　第　张	
审核　　（日期）	上海第二工业大学	

第6章 零件图与装配图

12. 读懂零件图,并回答下面问题。

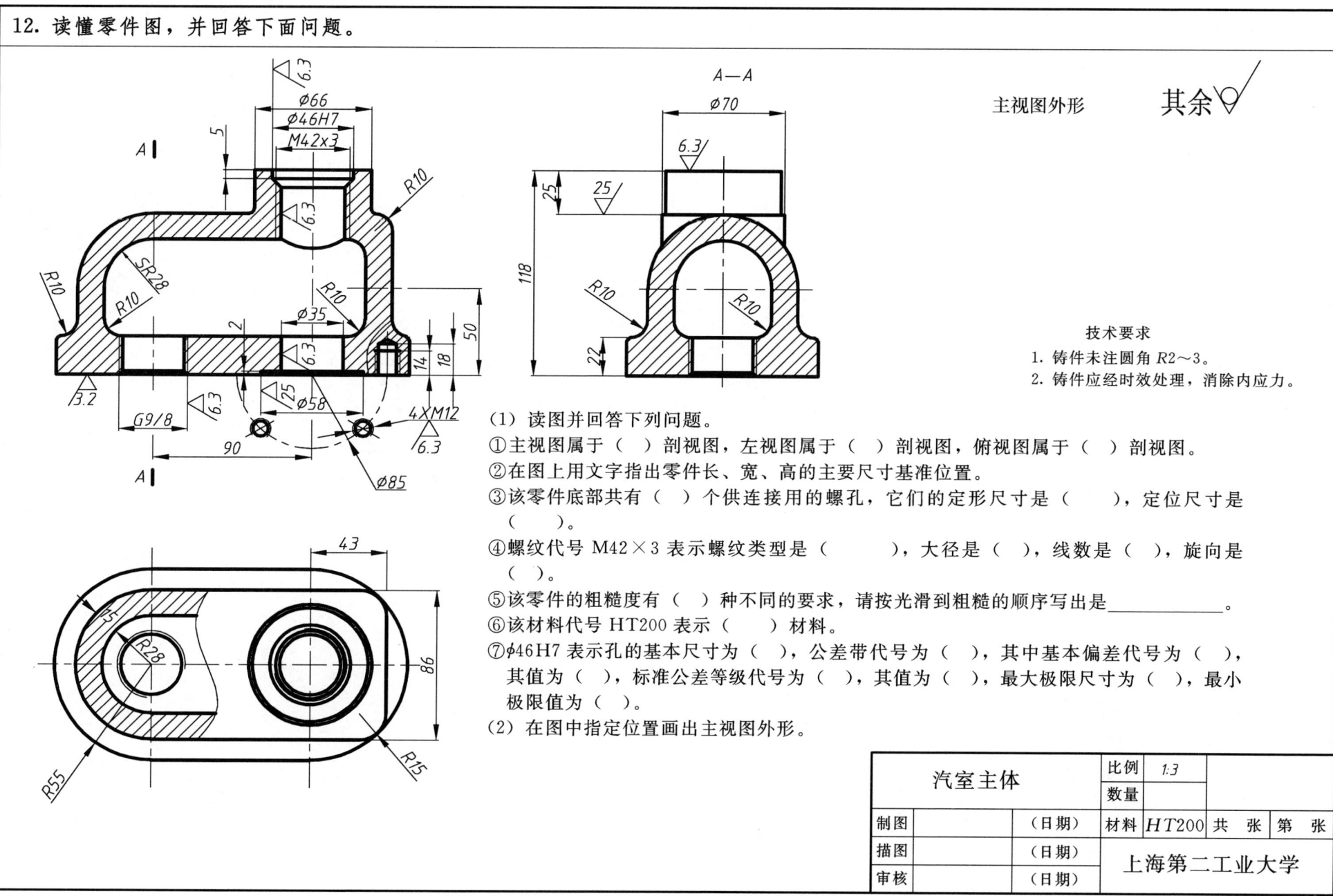

(1) 读图并回答下列问题。
① 主视图属于（ ）剖视图,左视图属于（ ）剖视图,俯视图属于（ ）剖视图。
② 在图上用文字指出零件长、宽、高的主要尺寸基准位置。
③ 该零件底部共有（ ）个供连接用的螺孔,它们的定形尺寸是（ ），定位尺寸是（ ）。
④ 螺纹代号 M42×3 表示螺纹类型是（ ），大径是（ ），线数是（ ），旋向是（ ）。
⑤ 该零件的粗糙度有（ ）种不同的要求,请按光滑到粗糙的顺序写出是_____。
⑥ 该材料代号 HT200 表示（ ）材料。
⑦ ⌀46H7 表示孔的基本尺寸为（ ），公差带代号为（ ），其中基本偏差代号为（ ），其值为（ ），标准公差等级代号为（ ），其值为（ ），最大极限尺寸为（ ），最小极限值为（ ）。

(2) 在图中指定位置画出主视图外形。

第6章 零件图与装配图

13. 看懂支座的零件图，回答问题并画出指定的视图。

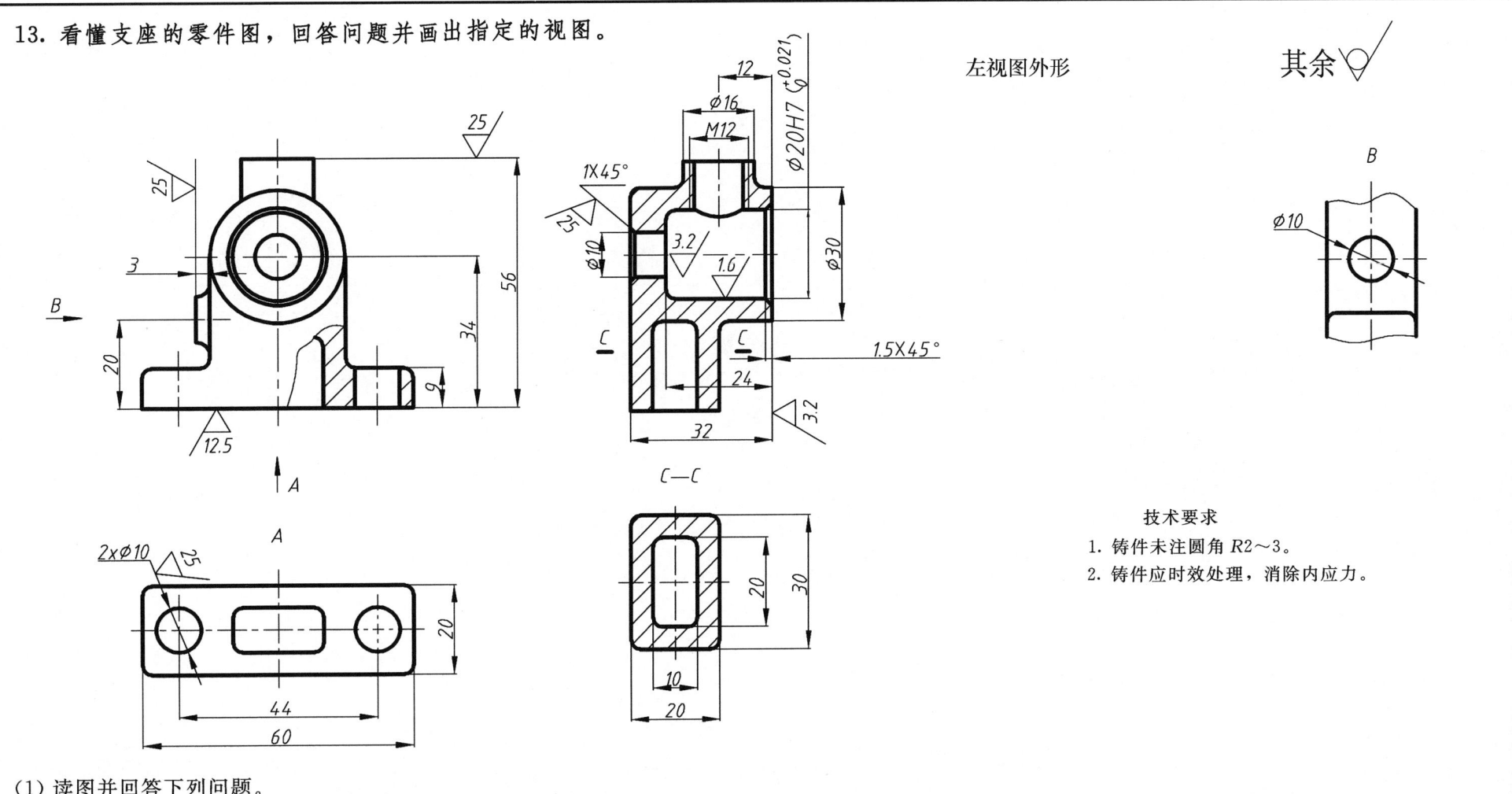

(1) 读图并回答下列问题。
① 左视图属于（ ）剖视图，它是用（ ）剖切平面剖切得到的。
② 在图上用文字指出零件长、宽、高方向的主要尺寸基准位置。
③ 底板上共有（ ）个供连接用的通孔，它们的定形尺寸是（ ），定位尺寸是（ ）。
④ 顶部螺纹代号 M12 表示螺纹类型是（ ），大径是（ ），线数是（ ），旋向是（ ）。
⑤ 该零件的粗糙度有（ ）种不同的要求，请按光滑到粗糙的顺序写出（ ）。
⑥ 材料代号 HT150 表示（ ）材料。⑦φ20H7（$^{+0.021}_{0}$）表示孔的公差代号为（ ），其中基本偏差代号为（ ），其值为（ ），标准公差等级代号为（ ），其值为（ ），最大极限尺寸为（ ），上偏差为（ ）。
(2) 在指定位置用原图比例补全左视图外形。

第 6 章 零件图与装配图

14. 根据千斤顶装配图的示意图及零件图，在 A3 图纸上用 1：1 画出其装配图。

序号	名　称	件数	材料	备　注
1	底座	1	HT200	
2	螺旋杆	1	45	
3	螺套	1	QA19—4	
4	螺钉 M10×12	1	GB/T 73—2000	
5	铰杆	1	Q255	
6	螺钉 M8×12	1	GB/T 75—2000	
7	顶垫	1	35	

工作原理

"千斤顶"是利用螺旋传动来顶举重物，是汽车修理和机械安装中一种常见的起重工具。工作时，铰杆穿在螺旋杆顶部的圆孔中。旋转铰杆，螺旋杆在螺套中靠螺纹做上下移动。顶垫上的重物靠螺旋杆的上升而被顶起。

螺套嵌压底座中，一边用螺纹固定，磨损后便于更换、修配。

螺旋杆的球面形顶部套上一个顶垫，靠螺钉与螺旋杆连接，以防止顶垫随螺旋杆一起旋转而脱落。

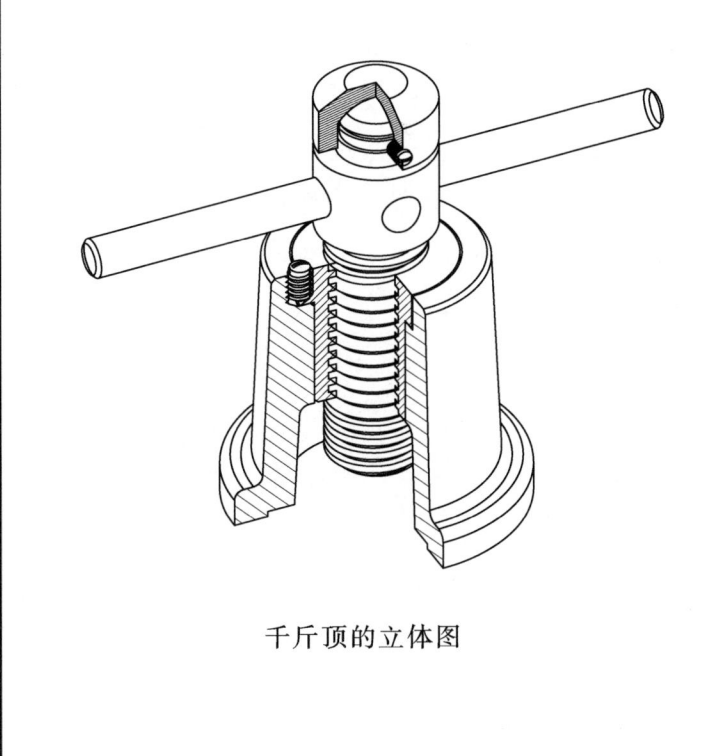

千斤顶的立体图

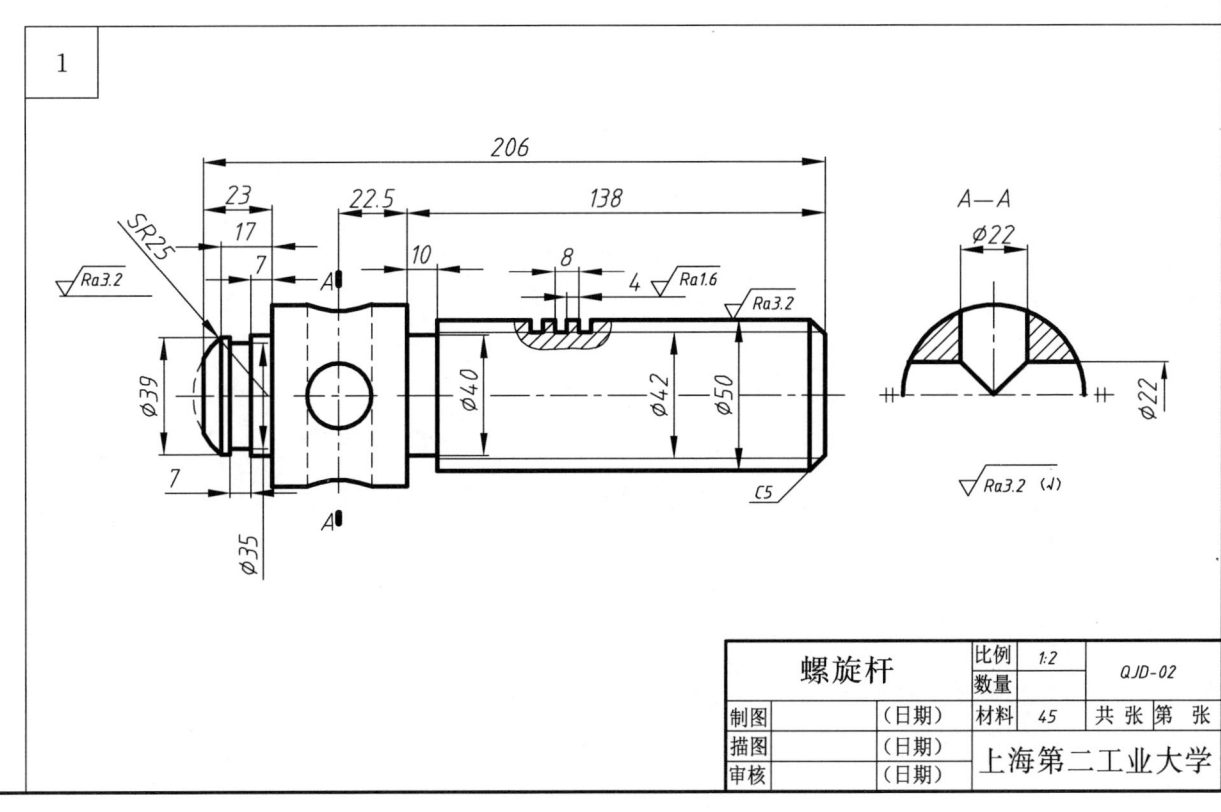

螺旋杆　QJD-02

第 6 章　零件图与装配图

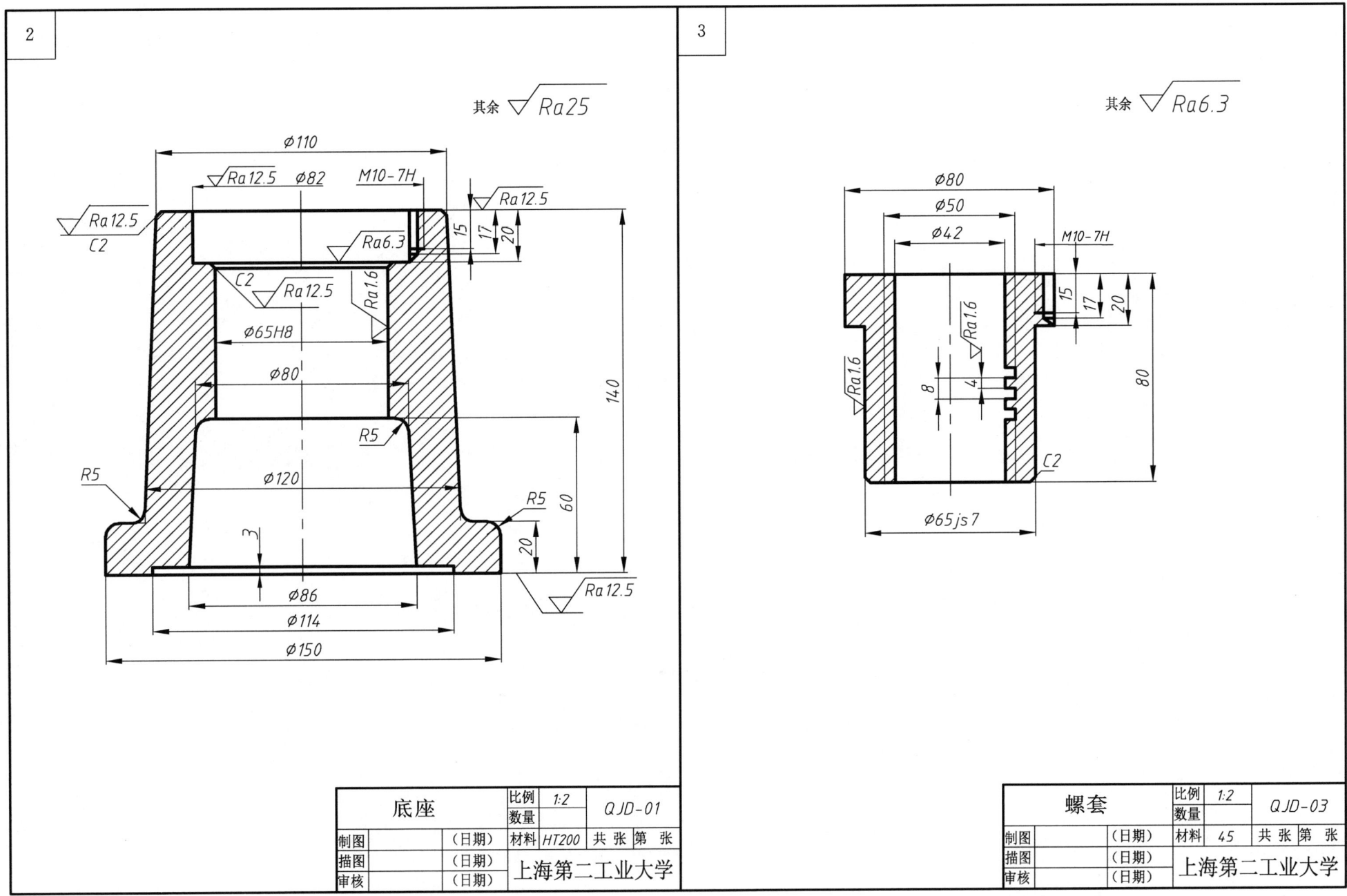

第 6 章 零件图与装配图

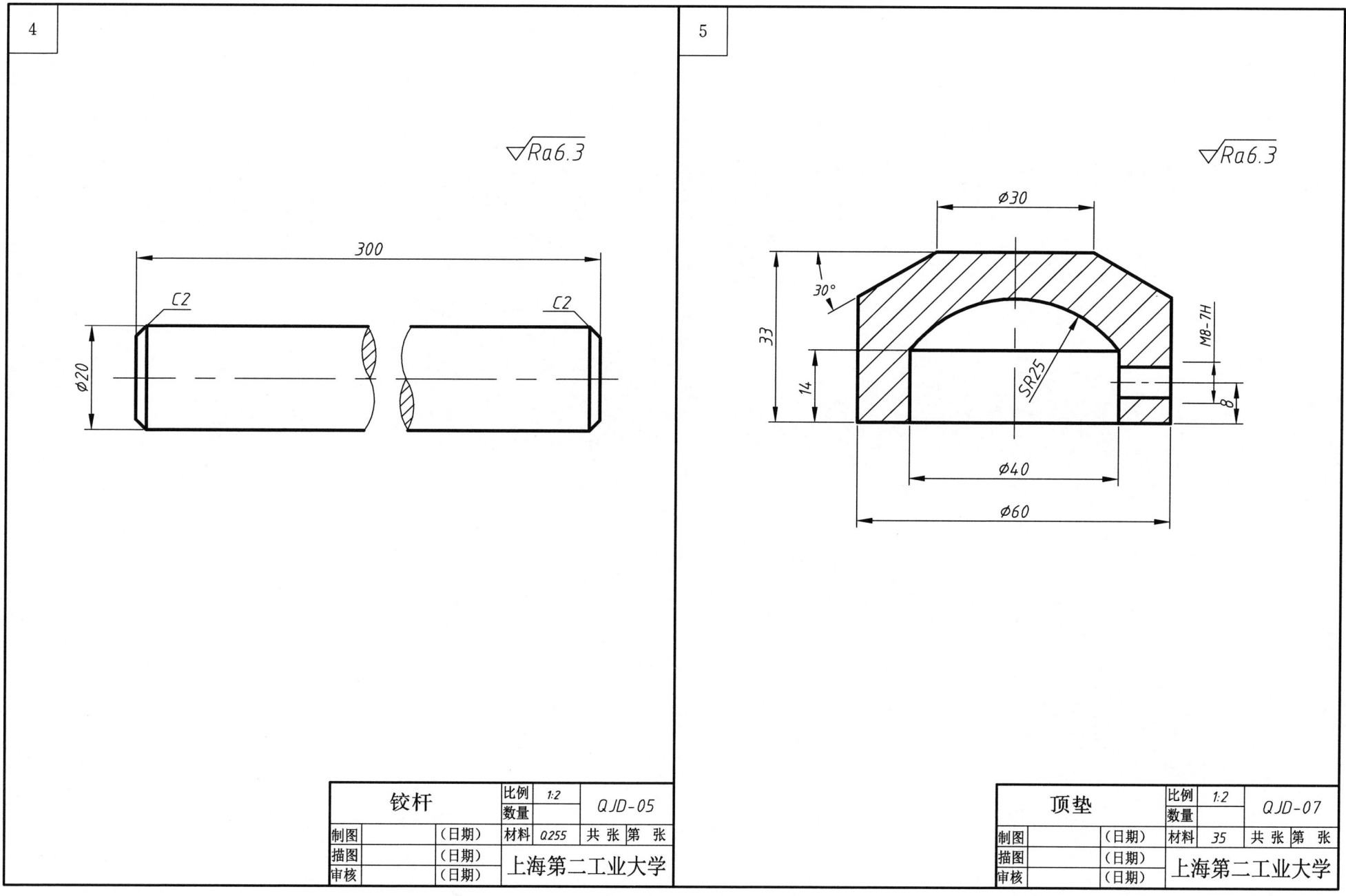

第 6 章　零件图与装配图

15. 看装配图，拆画件 1 号零件视图并标注尺寸，尺寸要完整，大小按图直接量取。

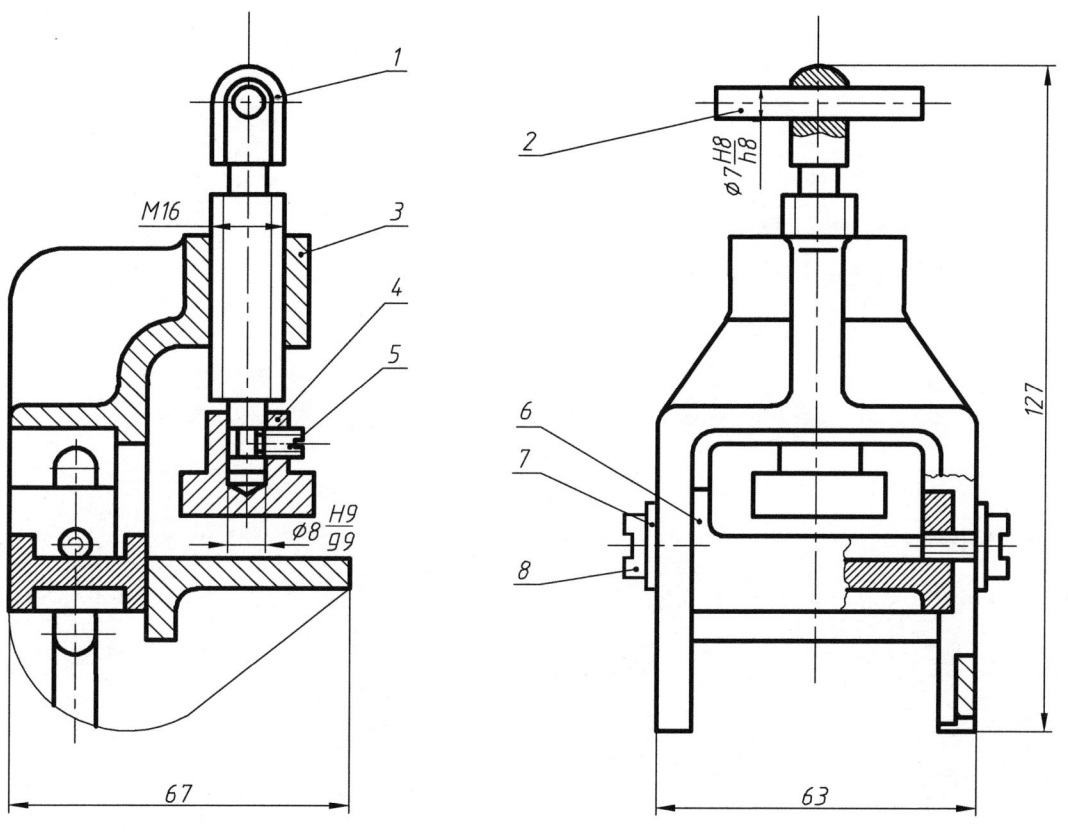

8	螺钉M5	2	A3	GB65—85
7	垫圈	2	A3	GB97.1—85
6	滑块	1	HT200	
5	螺钉M6	1	A3	GB73—85
4	压块	1	45	
3	体	1	HT200	
2	手柄	1	A3	
1	螺杆	1	45	
序号	名称	数量	材料	备注

夹持器　比例 1:2　数量

上海第二工业大学

第 7 章　建筑制图基础

1. 读建筑总平面图，并回答下面问题。

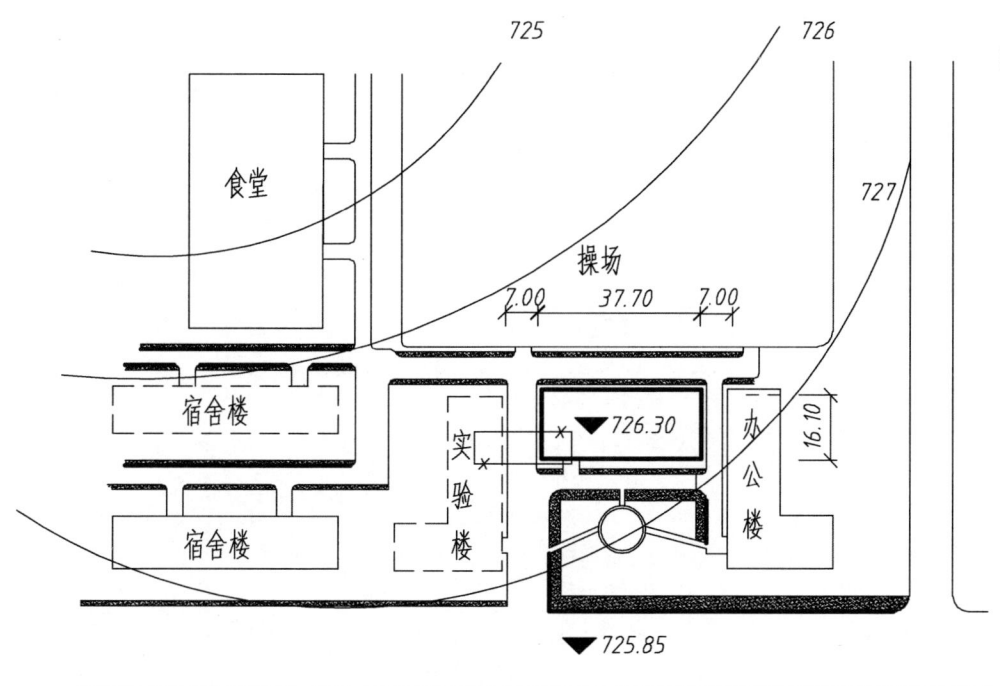

识读与制图：
1. 该图的比例是多少？
2. 图形右上方的标志是什么标志？代表什么意义？
3. 图中弧线以及数字代表什么含义？
4. 拟建建筑物是哪些？
5. 要扩建的建筑物是哪些？
6. 要拆除的建筑物是哪些？
7. 按照比例抄绘本总平面图。

班级　　姓名

第7章 建筑制图基础

2. 读建筑平面图，并完成下面作业要求。

底层平面图 1:100

识读与制图：
1. 请按照制图规范中图线宽度要求调整图上的线宽。
2. 该建筑南立面的朝向为南偏西30°，请绘制指北针。
3. 图中轴线编号不全，请补全。
4. 按照比例抄绘本图。

第 7 章 建筑制图基础

3. 读建筑立面图，并完成要求作业。

南立面图 1:100

标注说明：
- 1:1:4水泥白灰砂浆分格
- 水刷石
- 白水泥粉刷
- 水刷石
- 水刷石

标高：10.200、9.100、7.300、5.900、4.100、2.700、0.900、±0.000、-0.020、9.100、7.300、4.100、-0.020

识读与制图：
1. 请按照制图规范中图线宽度要求调整图上的线宽。
2. 该立面图上还缺少什么内容？
3. 按照比例抄绘本图。

第 7 章 建筑制图基础

4. 读建筑剖面图，并按题目要求完成作业。

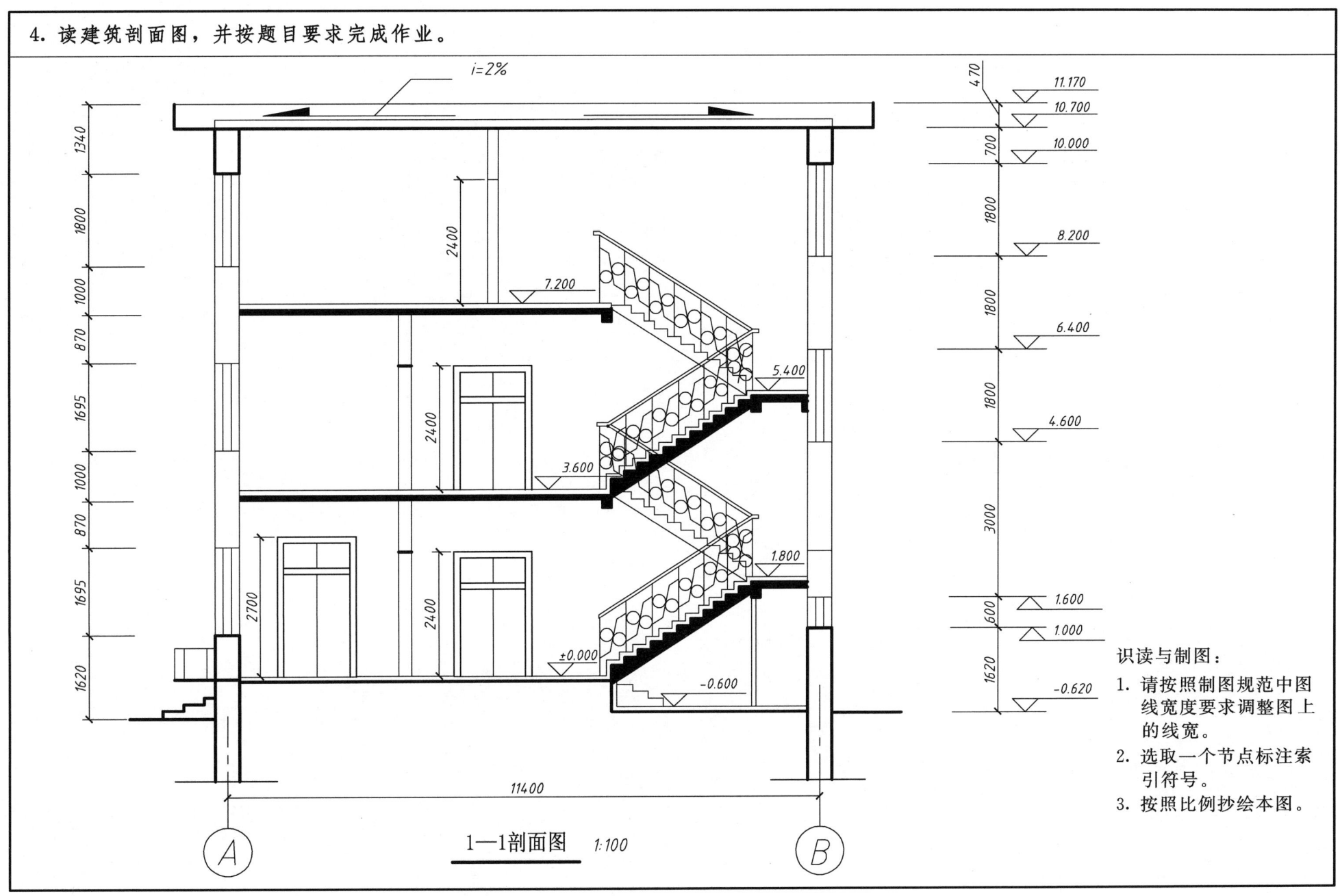

1—1剖面图 1:100

识读与制图：
1. 请按照制图规范中图线宽度要求调整图上的线宽。
2. 选取一个节点标注索引符号。
3. 按照比例抄绘本图。

第 7 章 建筑制图基础

5. 读建筑立面详图，并回答下面问题。

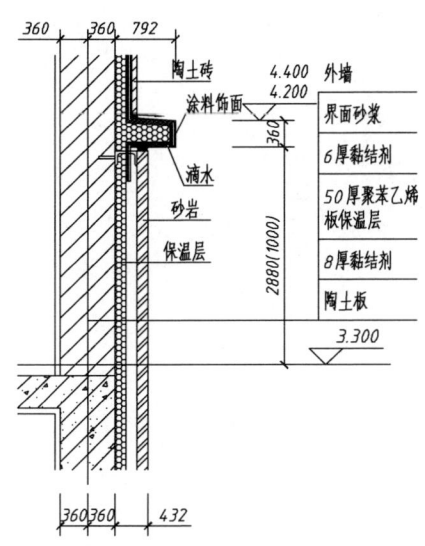

 线脚 1:20

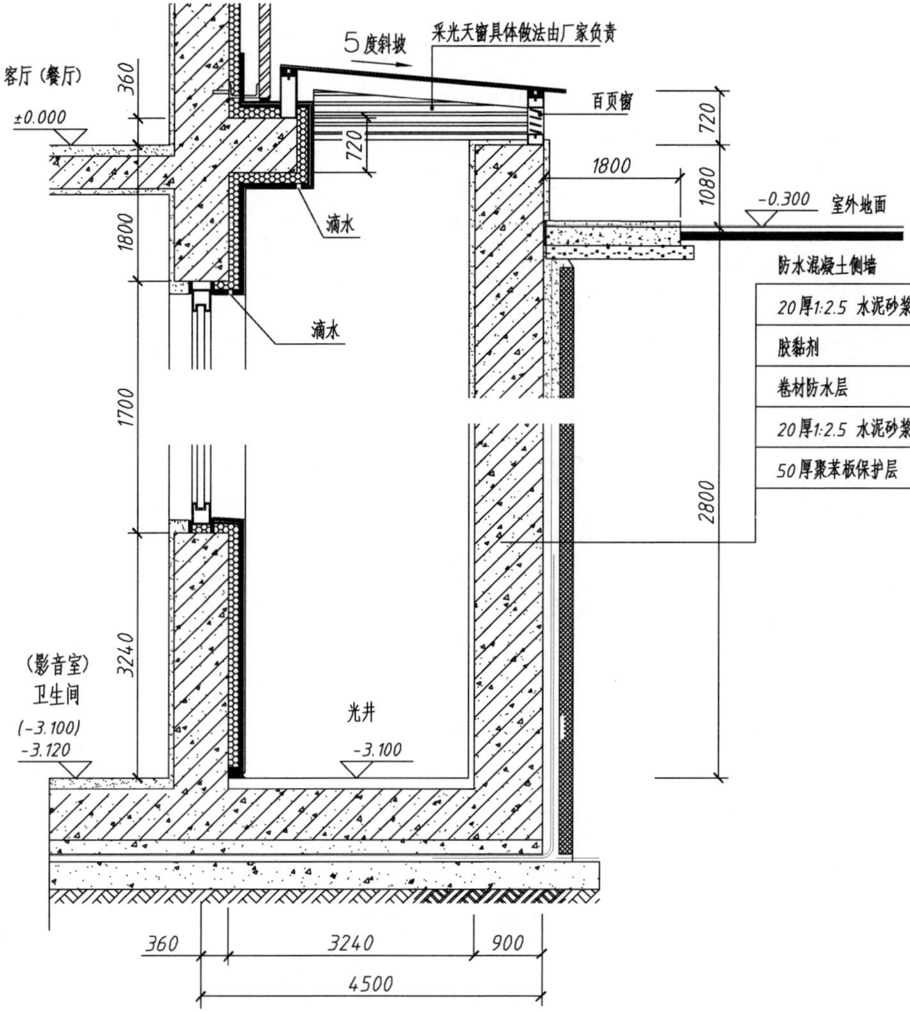

识读与制图：
1. 左图的保温层位于哪里？
2. 右图中室外地面的高度是多少？
3. 按照比例抄绘本图。

⑨ 采光井 1:20

第 7 章　建筑制图基础

6. 读楼梯平面图和剖面图，并完成作业。

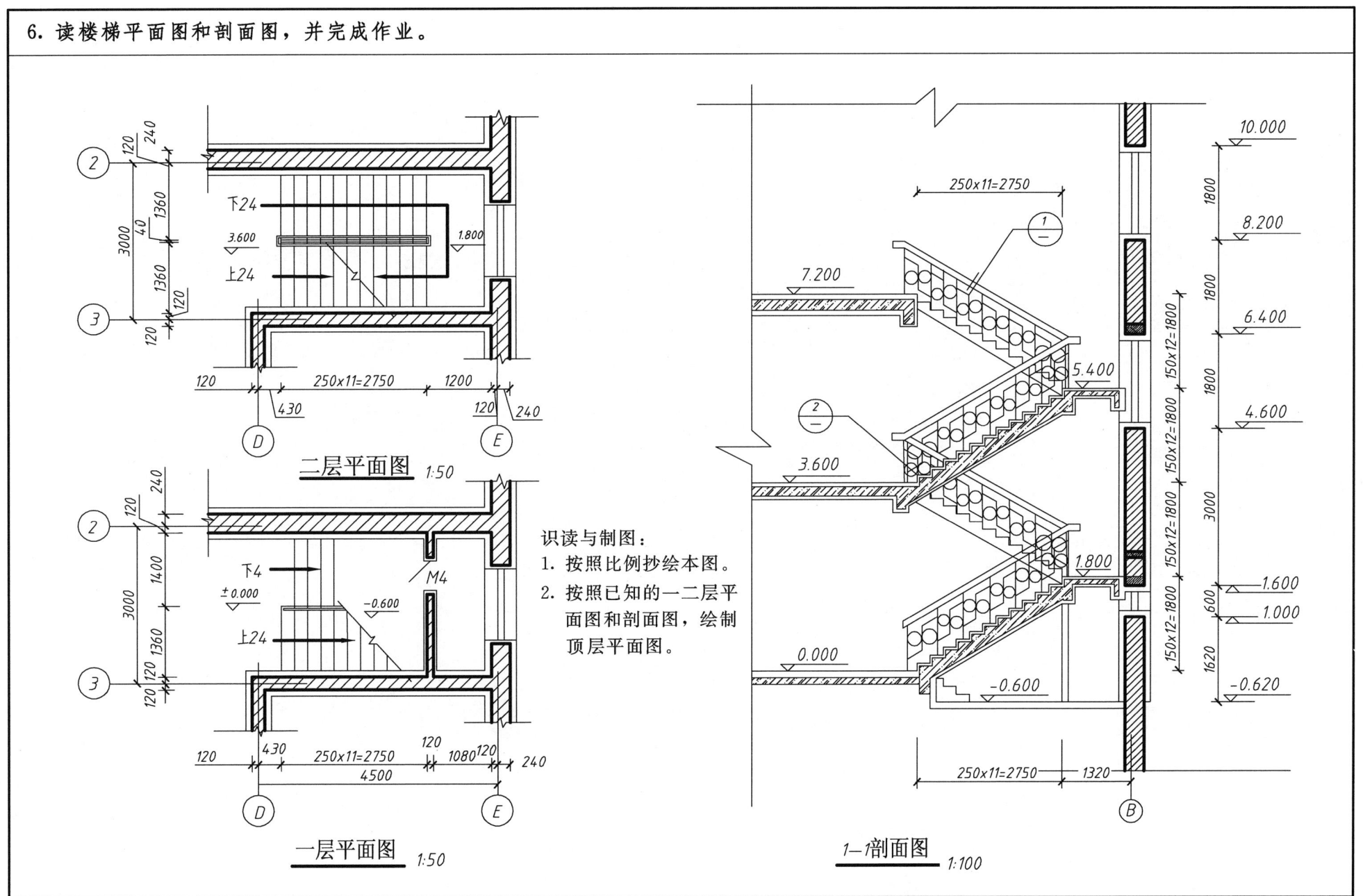

识读与制图：
1. 按照比例抄绘本图。
2. 按照已知的一二层平面图和剖面图，绘制顶层平面图。

第 8 章 透视图基础

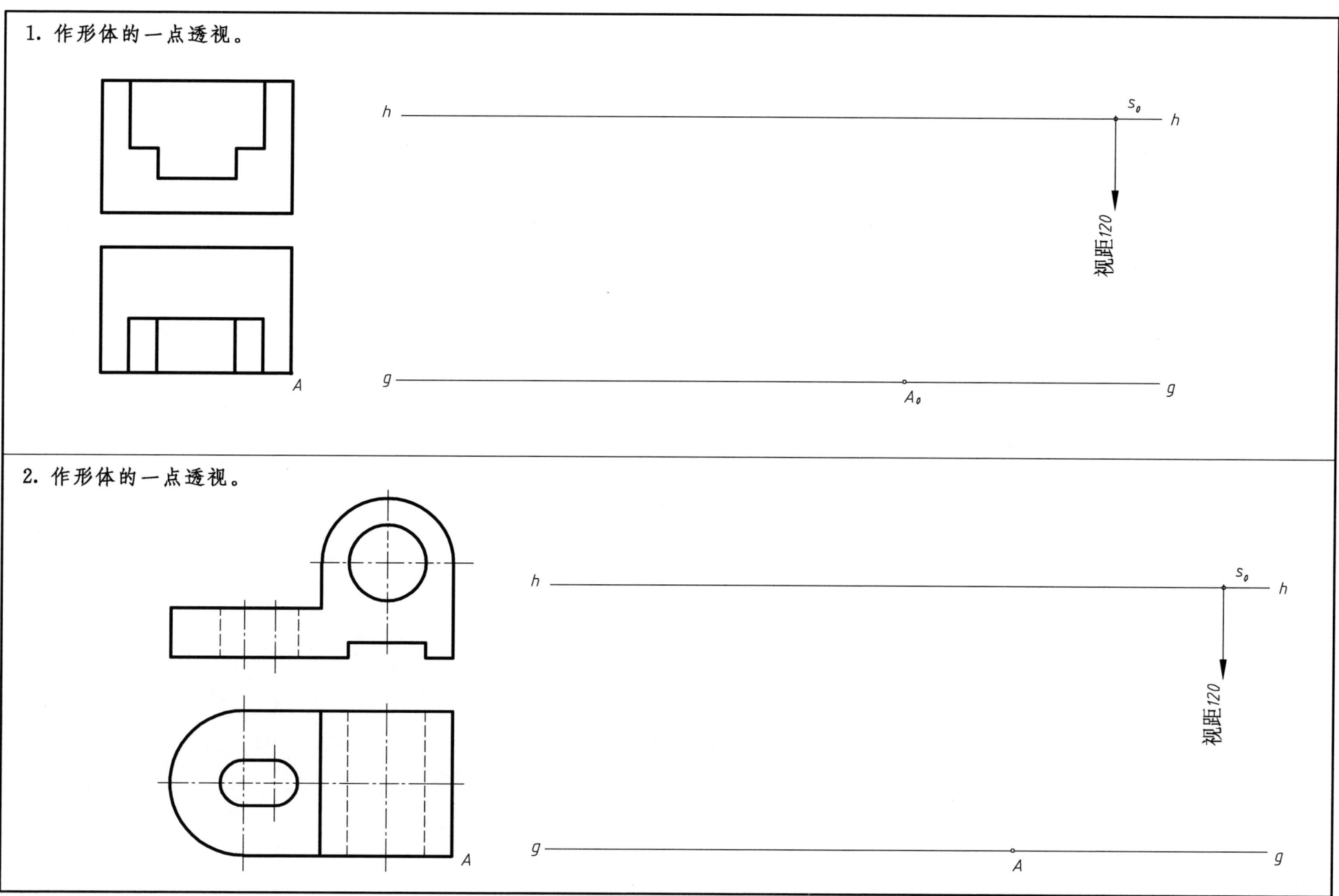

第 8 章　透视图基础

3. 画出基面内正方形及其内切圆的一点透视（视距为 SS_0）。

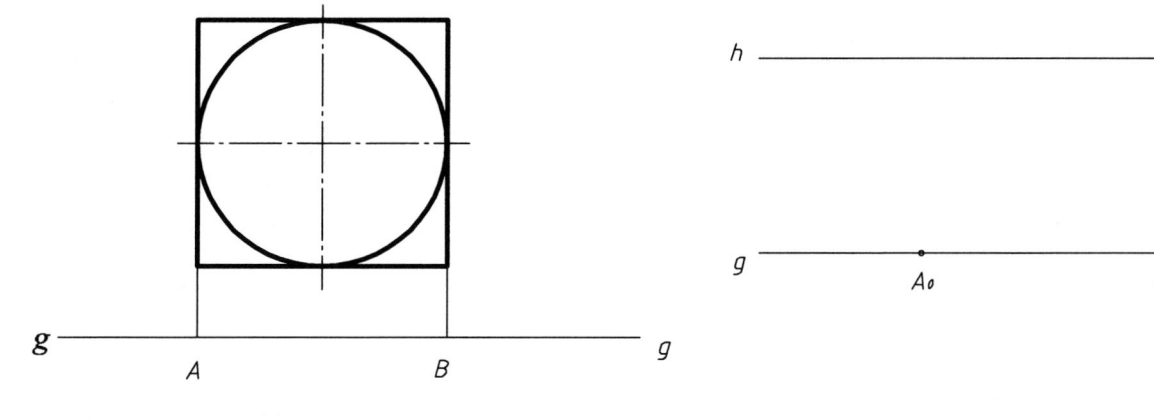

4. 画出基面内正方形及其内切圆的两点透视（视距为 SS_0）。

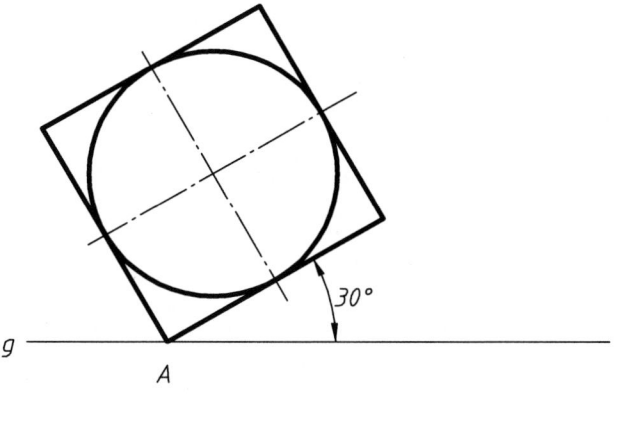

第 8 章 透视图基础

5. 按所给条件作建筑物的两点透视图。

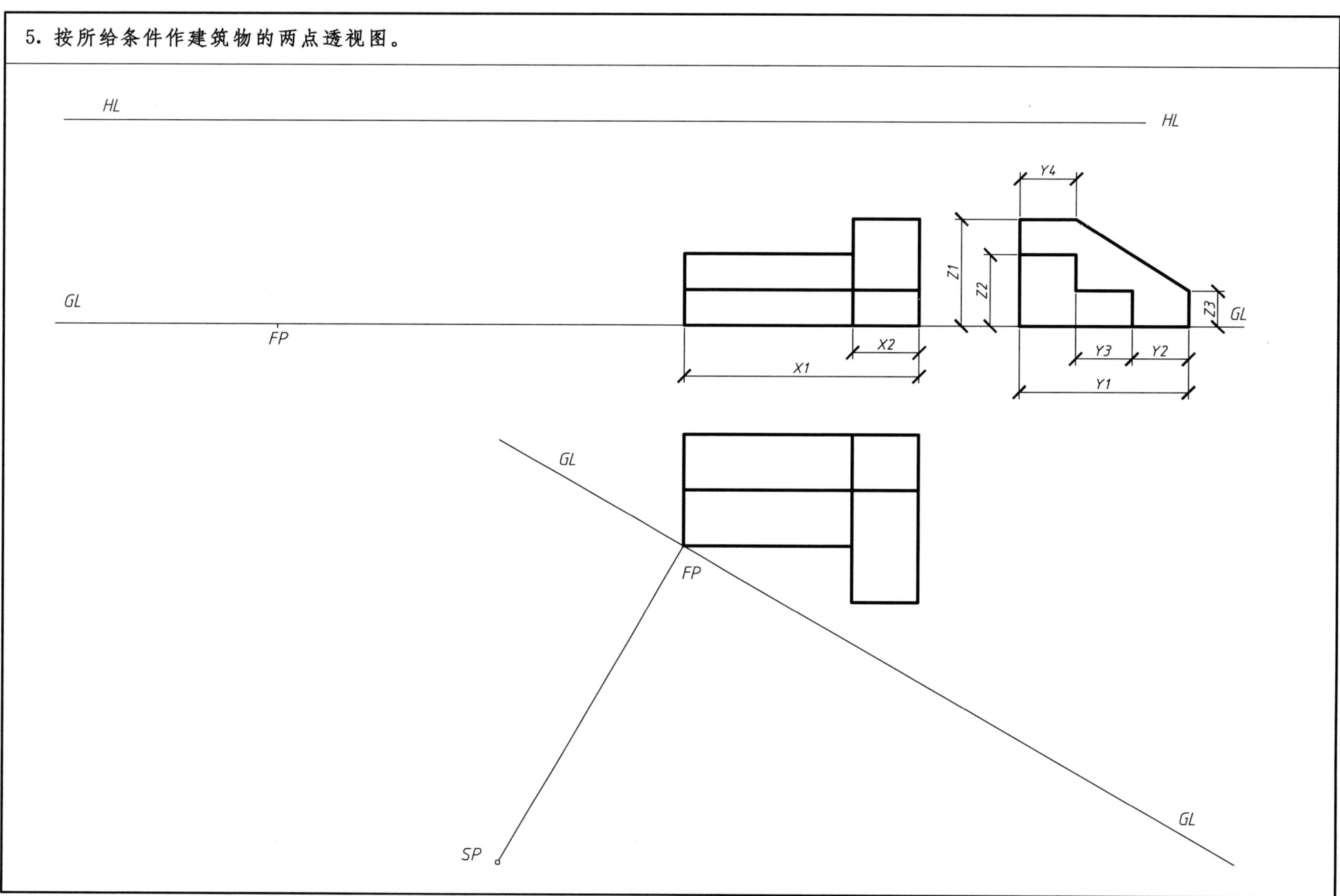

第 8 章 透视图基础

6. 按给定条件作室内一点透视，比例和室内背景布置自定。

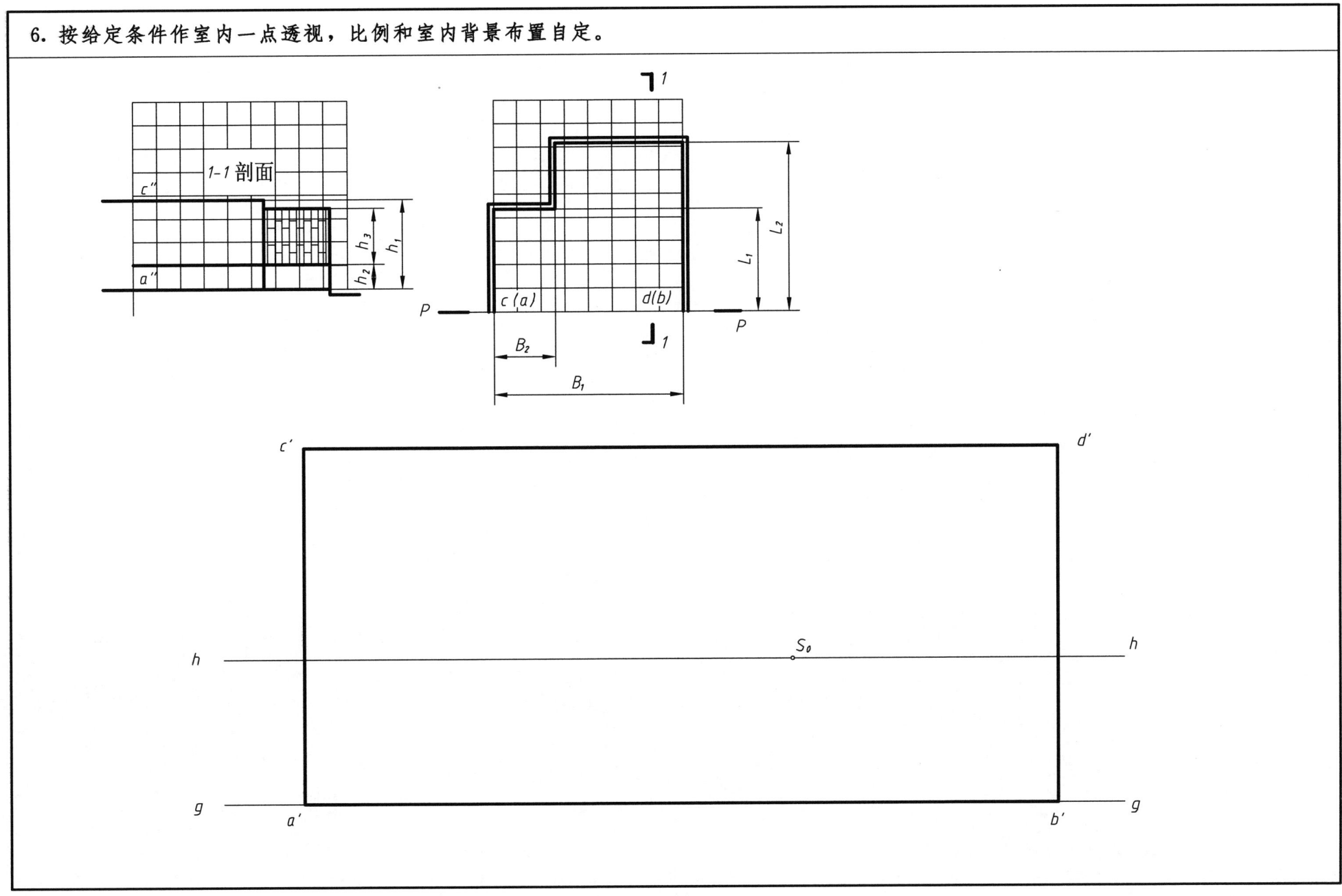

第 8 章　透视图基础

7. 根据已知的室内平面图和立面图，自定比例绘制一点透视草图。

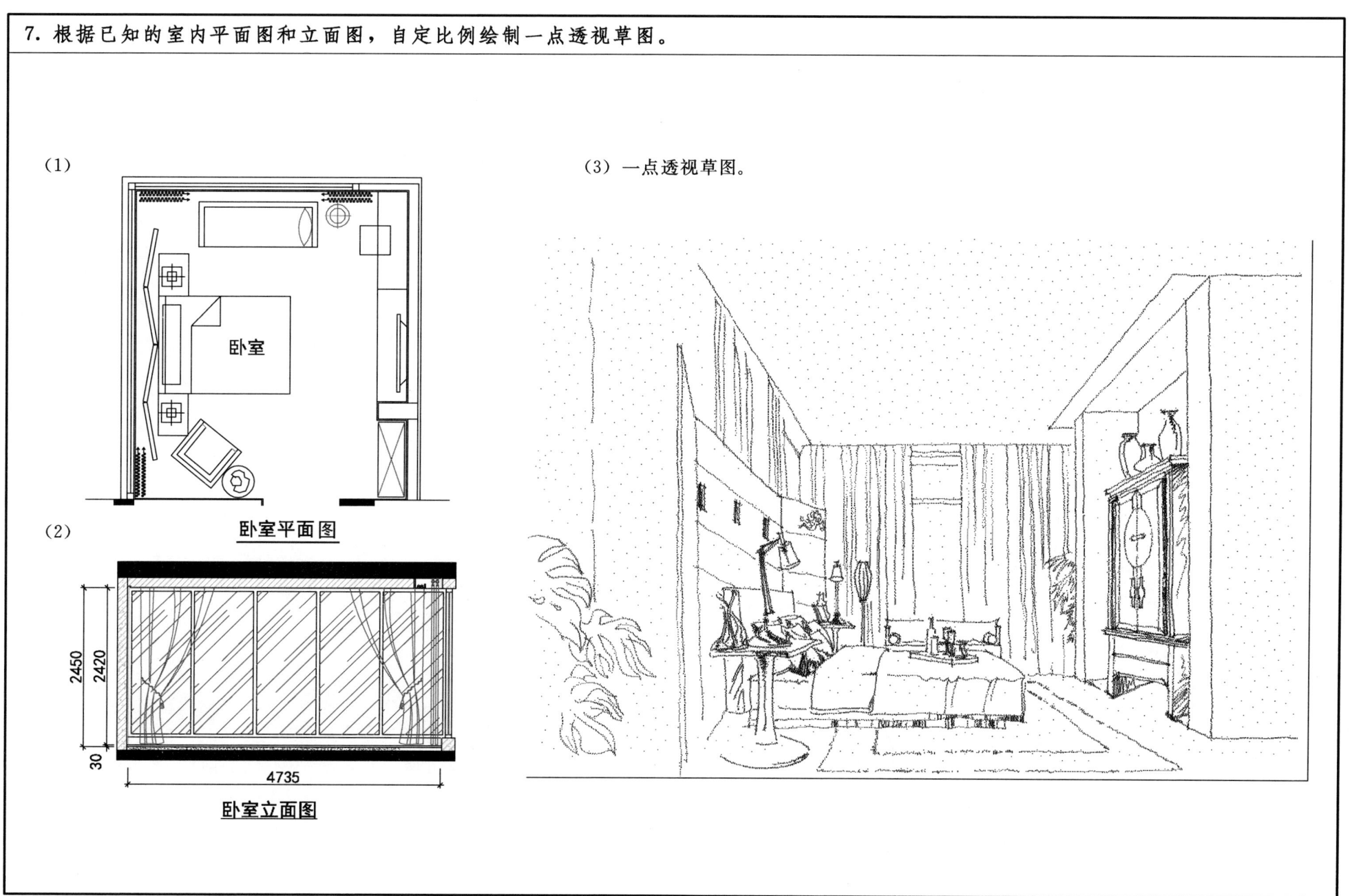

第8章 透视图基础

8. 根据已知的室内平面图和立面图，自定比例绘制一点透视草图。

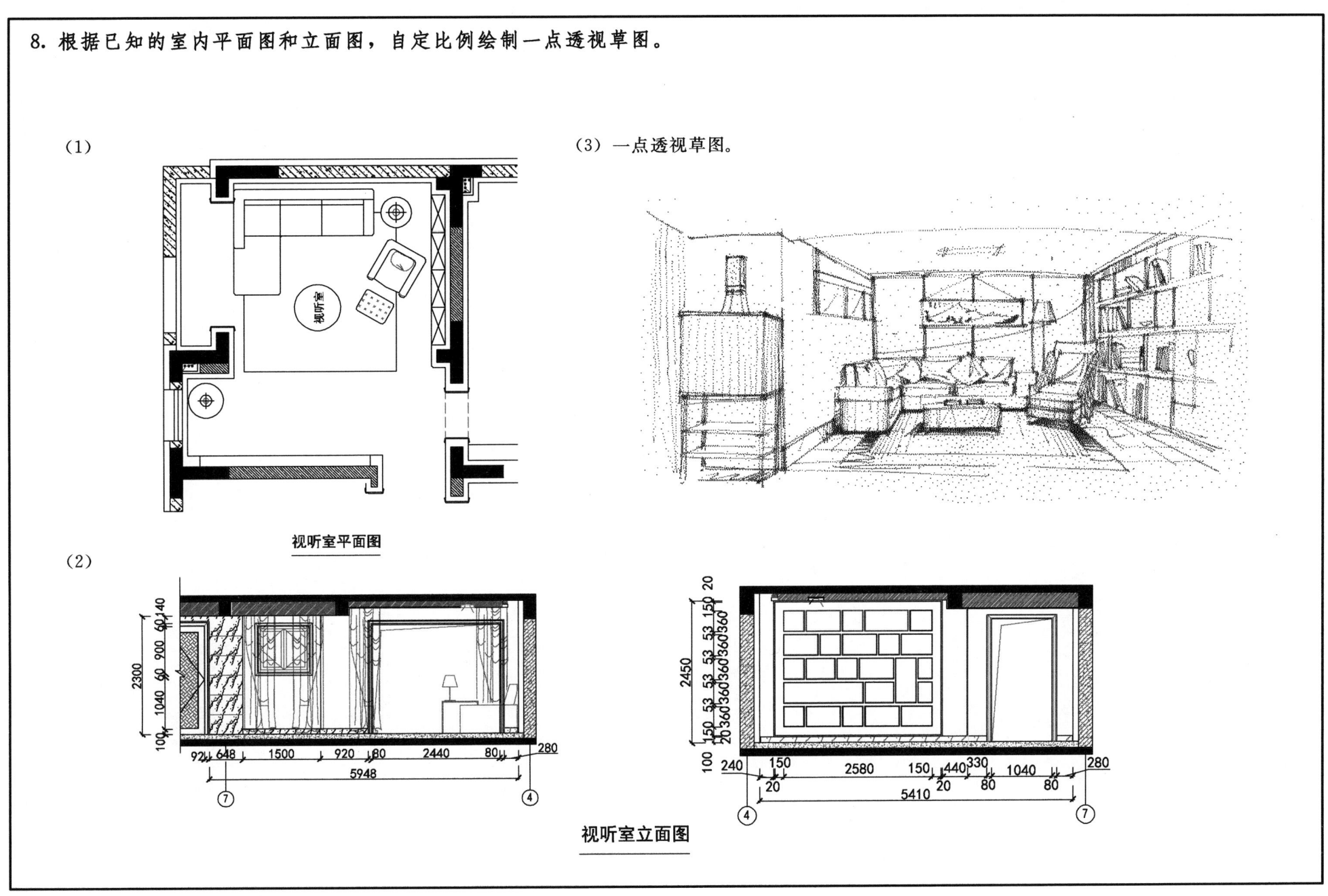

第8章 透视图基础

9. 根据已知的室内平面图和立面图，自定比例绘制室内微角二点透视草图。

(1)

餐厅平面图

(2)

餐厅立面图

(3) 室内微角二点透视草图。

参 考 文 献

[1] 段齐骏，等. 设计图学习题集. 北京：机械工业出版社，2003.
[2] 袁和法. 设计制图习题集. 北京：机械工业出版社，2004.9.
[3] 卢健涛. 现代工程制图习题集. 上海：上海交通大学出版社，2004.8.
[4] 聂桂平. 现代设计图学基本训练. 3版. 北京：机械工业出版社，2011.7.
[5] 穆存远，袁和法. 工业设计图学习题集. 北京：机械工业出版社，2011.3.
[6] 朱辉，曹桄，等. 画法几何及工程制图习题集. 5版. 上海：上海科学技术出版社，2003.3.